Vislumbres *de* Deus

Vislumbres de Deus

Mario de França Miranda

Paulinas

Dados Internacionais de Catalogação na Publicação (CIP)
(Câmara Brasileira do Livro, SP, Brasil)

Miranda, Mario de França
 Vislumbres de Deus / Mario de França Miranda. -- São Paulo :
Paulinas, 2019. -- (Coleção manancial)

ISBN 978-85-356-4529-3

1. Experiência religiosa 2. Fé 3. Presença de Deus 4. Teologia
5. Vida cristã I. Título. II. Série. 1. Cristianismo - Século 21 2. Fé
3. Vida cristã I. Título. II. Série.

19-26687   CDD-248.2

Índices para catálogo sistemático:

1. Experiência de Deus : Cristianismo 248.2

Cibele Maria Dias - Bibliotecária - CRB-8/9427

1ª edição – 2019

Direção-geral: *Flávia Reginatto*
Editores responsáveis: *Vera Ivanise Bombonatto e
João Décio Passos*
Copidesque: *Mônica Elaine G. S. da Costa*
Coordenação de revisão: *Marina Mendonça*
Revisão: *Ana Cecilia Mari*
Gerente de produção: *Felício Calegaro Neto*
Projeto gráfico: *Telma Custódio*
Capa e diagramação: *Tiago Filu*
Imagem capa: *@ honzakrej/ depositphotos.com*

Nenhuma parte desta obra poderá ser reproduzida ou transmitida por qualquer forma e/ou quaisquer meios (eletrônico ou mecânico, incluindo fotocópia e gravação) ou arquivada em qualquer sistema ou banco de dados sem permissão escrita da Editora. Direitos reservados.

Paulinas
Rua Dona Inácia Uchoa, 62
04110-020 – São Paulo – SP (Brasil)
Tel.: (11) 2125-3500
http://www.paulinas.com.br – editora@paulinas.com.br
Telemarketing e SAC: 0800-7010081
© Pia Sociedade Filhas de São Paulo – São Paulo, 2019

Sumário

Prefácio 7

CAPÍTULO 1
Deus presente na solidariedade humana 11
Introdução 11
1. Fundamentação teológica 15
2. A experiência cristã de Deus 21
3. Experiência de Deus na atual sociedade 26

CAPÍTULO 2
Deus desafiado pela razão 31
1. A teologia como inteligência da fé 33
2. A importância da filosofia para a teologia 40
3. Teologia e ciências religiosas 49

CAPÍTULO 3
Deus mistério de amor 53
1. O mistério na vida humana 56
2. O mistério na filosofia 57
3. O mistério nas ciências modernas 59
4. O mistério de Deus 63
5. A fé no mistério de Deus 68
6. A realização humana na entrega ao mistério de Deus 71

CAPÍTULO 4
Deus que sofre? 73
Introdução 73
1. Decepção ou sofrimento? 77
2. Um sofrimento que brota do amor 79
3. A fundamentação bíblica 82
4. Compaixão cristã e sociedade atual 86

CAPÍTULO 5
Deus na universidade 91
Introdução 91
1. A teologia como ciência entre as diversas ciências
presentes na universidade 94
2. A teologia situada na sociedade, na Igreja e na universidade 98
3. A teologia em face da sociedade, da Igreja e da universidade ... 104

CAPÍTULO 6
Deus de toda a humanidade? 115
1. A origem da questão sobre Deus no ser humano 118
2. O mistério revelado nas diversas tradições religiosas 124
3. A visão cristã de um Deus de toda a humanidade 128

CAPÍTULO 7
Uma palavra final 135

Prefácio

Para muitos pode parecer uma temeridade escrever um livro sobre Deus, depois de tudo o que já foi dito e publicado na longa tradição religiosa da humanidade. Temeridade esta que se vê agravada pela atual situação da crença em Deus. Não podemos negar que essa situação é crítica, embora em grande parte devido às mudanças socioculturais, sucessivas e aceleradas, que experimentamos hoje. Nesse sentido, alguns opinam tratar-se mais de uma crise da *representação tradicional* de Deus, questionada fortemente pela atual cultura, que acaba por incidir na própria existência de Deus. De fato, não sendo Deus "objeto" de nosso conhecimento, ele se faz presente somente nos efeitos de sua ação e nos símbolos que os expressam e a ele remetem. Portanto, imagens obsoletas mais escondem do que manifestam Deus.

Embora muito frequente em nosso dia a dia, o termo "Deus" recebe os conteúdos mais diversos, podendo mesmo ser utilizado para justificar todo tipo de injustiças, violências e desumanidades. Por não mais se encontrar somente no interior das grandes tradições religiosas, como se dava no passado, que sempre implicavam uma práxis correspondente, tornou-se hoje presa fácil de grupos religiosos, carentes de consistência teológica, apenas compensada pelas altas temperaturas emocionais de suas celebrações ou pelas promessas enganosas de mais prosperidade e riqueza.

Que o ser humano não possa viver sem uma referência religiosa em sua vida aparece claramente em nossos dias, com a assim chamada "volta do sagrado", fenômeno complexo, ambíguo, fruto, em parte, do individualismo atual que inverte a própria noção de religião, a qual se vê degradada a satisfazer anseios e carências humanas, sem poder questionar a vida de seus adeptos. Daí a pluralidade de imagens de Deus no universo nebuloso da *new age*.

A crise da metafísica tradicional, os questionamentos dos "mestres da suspeita", o impacto da historicidade e da hermenêutica no pensamento filosófico, a consciência da diversidade cultural, a mudança de paradigmas, a expansão da cibernética, o constante bombardeio de novos dados e informações que nos atinge, não só transformam o mundo tranquilo em que vivíamos mas também constituem verdadeiros desafios para a fé em Deus. Não pretendemos entrar nesta complexa problemática. Obras profundas e eruditas já foram escritas, apresentando a questão de Deus de modo sistemático, abrangente e crítico.

Nosso objetivo é mais modesto: apenas constatar e descrever, de modo acessível, a presença sempre atuante de Deus em alguns âmbitos de nossa vida, sem pretensão alguma de sermos completos ou de abordá-los em todas as suas amplitudes. Cada capítulo oferece um desses âmbitos, mais a título de exemplo. Certamente poderiam ser outros e mais numerosos. Entretanto, em todos eles há um *elemento comum*. Por não termos um acesso direto a Deus, que jamais será objeto de nossa inteligência, porque é Deus e não algo pertencente ao nosso mundo criado, só indiretamente chegamos a ele através do que resulta de sua atividade em nosso mundo. E como todo conhecimento pressupõe um olhar específico, ou uma chave de interpretação, também nós só podemos captar sua presença atuante em nossas vidas através do *olhar da fé*. Ou como já foi dito: devemos saber ler nas entrelinhas deste texto que é a nossa vida. *Vislumbres de Deus* nos pareceu a melhor expressão para nossa percepção de Deus, daí o título deste livro. Pois vislumbrar algo é sermos por ele atingidos sem que possamos contê-lo, defini-lo, desvendá-lo e dele dispor enquanto objeto de nossa inteligência.

O livro se compõe de seis capítulos: Deus que é experimentado pelos que se comprometem em ajudar os mais necessitados; Deus que desencadeia um dinamismo na inteligência e na liberdade para mais conhecê-lo e desejá-lo (a mística da fé); Deus que é mistério de amor e realização plena do ser humano; Deus que pode sofrer; Deus presente na Universidade através da reflexão teológica; e Deus que é o único Deus de toda a família humana.

Se o leitor, através destas páginas, conseguir perceber com maior clarividência a presença de Deus em sua existência, presença amorosa, estimulante e gratificante, então o objetivo destas linhas terá sido alcançado.

Capítulo 1

Deus presente na solidariedade humana

Introdução

O fim de uma época caracterizada como de "cristandade" trouxe consequências marcantes tanto para a sociedade quanto para a Igreja. De fato, com o advento do pluralismo cultural e religioso, a organização social deverá priorizar o diálogo e o consenso, em vista de possibilitar a convivência humana através da ordem democrática. Essa deve poder abrigar em seu seio o diferente, oferecer espaço para a liberdade de pensamento e de expressão, sempre no respeito aos direitos alheios. Desse modo, desaparece o tradicional horizonte cristão até então respeitado e aceito nas sociedades do passado. Nelas a realidade do que chamamos "Deus" era perfeitamente óbvia, estava entranhada no cotidiano das pessoas e explicitamente presente na cultura de então, ainda que se apresentasse, por vezes, através de imagens deformadas ou mesmo falsas que, ainda, constituem problemas para o cristianismo. Hoje Deus se tornou uma interrogação ou, pior ainda, uma realidade esquecida, omitida, silenciada, não existente para muitos de nossos contemporâneos.

Ao pluralismo cultural e religioso antes mencionado podemos acrescentar o advento das ciências exatas, sociais e humanas, fundamentadas na comprovação pela experiência concreta (só é real o que é verificável), agravada pela hegemonia do fator econômico na vida social ao impor uma racionalidade utilitarista que idolatra a eficácia e o lucro, relegando para segundo plano os valores próprios da dignidade humana. Desse modo, carece a atual cultura de autênticos valores substantivos, não podendo oferecer um autêntico sentido para a vida que respeitasse o caráter social do ser humano, mas apenas a miragem do individualismo afetivo (seja feliz) e materialista (seja consumidor). Esse individualismo não atinge só pessoas mas também classes sociais, etnias, países, provocando desigualdades sociais crescentes, fontes de violências e de guerras. Pertencemos hoje a uma geração inédita, talvez, na história da humanidade, porque olhamos para o futuro sem esperança de melhora, apesar das conquistas do atual progresso técnico-científico.

Para o cristianismo, este cenário representa, sem dúvida, um sério desafio,[1] não só para que suas expressões, símbolos e práticas religiosas possam devidamente ser entendidos e vividos, porém mais gravemente para que o Deus invocado pelos cristãos não desapareça da cultura dominante e da vida cotidiana das pessoas. De fato, enquanto realidade transcendente e fundante de tudo o que existe, ele só pode ser corretamente alcançado no interior da fé cristã, que proporciona um quadro interpretativo de leitura não só para suas doutrinas e celebrações, objetivos e normas comportamentais, mas também para o simples

---

[1] DUPRÉ, L. Spiritual Life in a Secular Age. In: *Religious Mystery and Rational Reflection*. Grand Rapids: Eerdmanns, 1998, p. 131-143.

reconhecimento de sua presença divina no cotidiano humano. Porém, nota-se hoje que parte da sociedade vive como se não existisse Deus, embora outra parte demonstre uma revivescência religiosa de cunho fundamentalista ou desconectada das tradições legadas pelo passado, que, no fundo, agravam ainda mais o problema por apresentar deformações do cristianismo que o tornam de mais difícil aceitação.

Nossa reflexão parte de alguns *pressupostos* que se explicitarão melhor ao longo do próprio texto. O primeiro deles diz respeito à *mediação humana* indispensável tanto na ação salvífica por parte de Deus quanto na resposta do ser humano a esta iniciativa divina. Desse modo, reconhecemos que o "humano" tanto pode contribuir quanto obstaculizar o reconhecimento da presença atuante de Deus. Por "humano" entendemos aqui tudo o que inclua os seres humanos e seu "mundo" (cultura, organização social, padrões comportamentais). Aqui já surge a questão sobre a capacidade ou a possiblidade de o "humano atual" exercer sua função mediadora para a fé cristã.

Outro pressuposto diz respeito à própria *linguagem* do cristianismo condensada em expressões doutrinais, práticas e celebrações, padrões de comportamento elaborados por gerações anteriores em sintonia com seu momento histórico, mas ininteligíveis e, portanto, pouco significantes em nossos dias. Enquanto realidades históricas, podem tais expressões se revelarem arcaicas e, desse modo, serem substituídas por outras, como comprova a própria história da Igreja. Consequentemente pressupomos que a configuração do cristianismo é sempre histórica e sujeita a transformações para que ele possa aparecer em sua autêntica identidade para gerações e culturas sucessivas. Nosso texto representa apenas um caso concreto da inculturação da fé, aceita sem mais pelo magistério eclesiástico.

Um terceiro pressuposto concerne à *universalidade* própria do cristianismo. Numa sociedade pluralista, a mediação humana da ação divina deve gozar de um alcance que não se limite apenas a um grupo social, mas seja de fato patrimônio de toda a sociedade neste momento histórico de início de terceiro milênio. Que preocupação, que ideal, que anseio pode estar presente e atuante no todo da sociedade que permita uma interpretação cristã, uma leitura a partir da fé, abrindo assim espaço para uma expressão da presença atuante de Deus em nossos dias?

Um quarto pressuposto de cunho mais teológico ressalta a importância da *experiência de Deus* para o cristianismo. Como o cristianismo não é apenas criação humana, devemos confessar sua origem no próprio Deus, que tem a iniciativa de vir ao nosso encontro, de fazer-se de algum modo captar pelo ser humano, de provocar certa experiência de sua ação salvífica. Esta verdade vale para que possamos compreender como se formaram os textos do Antigo Testamento e também do Novo Testamento, enquanto sedimentações de experiências salvíficas. Ainda mais. Vale também para todas as demais ações de Deus ao longo da história do cristianismo, seja que as denominemos iluminações ou inspirações, seja que as entendamos como dons e carismas específicos. As experiências salvíficas subjacentes aos textos sagrados, embora não constituam sua única fonte de inspiração, preservam tais textos do reproche de serem teorias fantasmagóricas, meras criações do ser humano para resolver seus problemas, ou ainda expressões para sonhos irrealizados. Temos que fazer esta afirmação mesmo sabendo da complexidade inerente à assim chamada "experiência de Deus".

Um quinto pressuposto identifica a *primazia da liberdade* no cristianismo. Mesmo reconhecendo a importância da exposição e da justificação de cunho doutrinal que marca seu passado, pode ter acontecido, devido a justas razões históricas, certo intelectualismo da fé que enfatizava mais a ortodoxia e menos a ortopraxia.[2] Entretanto, os textos neotestamentários não deixam dúvidas: ter fé em Jesus Cristo, ou, simplesmente, ser cristão implica seguimento, investimento da liberdade, opções concretas, vida comprometida. Seremos julgados por Deus não por nossas ideias, mas pelas nossas ações com os necessitados (Mt 25,31-46).

1. Fundamentação teológica

Só podemos caracterizar a experiência cristã como tal quando a compreendemos à luz da fé. Pois toda realidade enquanto objeto de conhecimento só é atingida através de uma interpretação que envolve sempre um horizonte de compreensão. A diversidade de abordagens culturais e científicas que explica a diversidade de seus objetos confirma nossa afirmação. O horizonte teológico não constitui exceção, já que fundado na revelação de Deus em Jesus Cristo. Nela o ser humano, desde sua criação, recebe uma qualificação acessível somente aos que

---

[2] SCHILLEBEECKX, E. *L'histoire des hommes, récit de Dieu.* Paris: Cerf, 1992, p. 15s: "Parler de Dieu ne prend tout son sens que dans le cadre de la práxis du Royaume de Dieu".

creem. Pois a criação do ser humano (e da restante realidade) é entendida por Deus em vista de uma finalidade superior: fazê-la participar da própria vida de Deus numa eternidade feliz. Para tal, Deus toma a iniciativa doando-se à humanidade pela encarnação do Filho e pelo envio do Espírito. A conhecida *autocomunicação de Deus* ao ser humano determina o fim para o qual foi criado, ou seja, a realização plena do ser humano está no acolhimento livre desta iniciativa divina, sempre a atraí-lo para si respeitando sua liberdade, mas repercutindo em sua consciência e se expressando numa sede de algo mais do que as satisfações finitas e transitórias. A nostalgia do infinito é intrínseca a cada pessoa, embora possa ser abafada ou soterrada pelas preocupações cotidianas.

A pessoa de *Jesus Cristo* é decisiva seja para nos revelar *Deus*, seja para nos revelar o que devemos ser enquanto *seres humanos*. De fato, enquanto Deus encarnado, Deus na história, Deus acessível ao nosso conhecimento, Jesus Cristo nos revela algo deste mistério infinito, transcendente, indisponível, que chamamos Deus, porque só o Filho conhece o Pai e quem dele recebe esta revelação (Mt 11,25-27). A tradução humana do Deus inacessível permite que vislumbremos algo de seu mistério: "Filipe, quem me viu, viu o Pai" (Jo 14,9). Tendo presente que toda a vida de Jesus Cristo consistiu em proclamar e realizar o Reino de Deus, então o Deus por ele revelado não pode ser outro a não ser o Deus promotor deste Reino, objetivo último de toda criação.[3] Sintonizar com a vontade de Deus é corresponder a seu desígnio salvífico manifestado em Jesus Cristo. A realização incipiente

---

[3] LOHFINK, G. *Jesus de Nazaré*: o que Ele queria? Quem Ele era? Petrópolis: Vozes, 2015.

deste Reino na história significa o advento de uma sociedade humana regida pela fraternidade e pela justiça, embora ainda imperfeita, mas tendo sua realização plena em Deus.

No fundo, a grande *paixão de Deus* é o ser humano, e Jesus Cristo fundamentou esta afirmação com sua própria vida e com seu ensinamento. Sempre que se tratava de levar vida aos mais desfavorecidos, aos mais pobres, aos mais excluídos, Jesus os priorizava diante das normas e práticas religiosas de seu tempo. Dado decisivo do próprio cristianismo é que Deus não pode ser encontrado prescindindo do ser humano, pois nosso comportamento diante dele significa nossa atitude perante Deus (Mt 25,34-46). Portanto, o Deus de Jesus Cristo é um Deus promotor de autêntico amor e justiça, um Deus sensível ao sofrimento humano, um Deus que atua na história pela mediação de homens e mulheres por ele iluminados e fortalecidos, agindo em sintonia com sua vontade. Estamos longe de tantas representações espúrias de Deus que marcaram a vida de muitos cristãos no passado e que, de modo algum, correspondem ao Deus revelado em Jesus Cristo. Esta conclusão traz sérias consequências para a própria experiência cristã de Deus, como veremos adiante.

Entretanto, Jesus Cristo não só nos revela o Deus do Reino mas também o sentido último de toda *existência humana*. Ele é a "luz verdadeira que, vinda ao mundo, ilumina todo homem" (Jo 1,9). Pois o Filho de Deus já estava presente nos primórdios de toda a criação (1Cor 8,6; Cl 1,16s; Jo 1,3), demonstrando, assim, que o primeiro desígnio divino foi a encarnação do Filho, arrastando necessariamente consigo a própria criação como meio indispensável para a existência do Verbo encarnado. Num sentido mais primordial, a encarnação não se segue à criação, mas a antecede e justifica.

E se toda realidade existente foi criada *em Cristo, por Cristo e para Cristo*, tendo nele o fundamento último de seu simples existir, então toda a criação tem uma dimensão que poderíamos chamar de "crística"; a saber, toda ela, como o próprio Jesus Cristo, deve obediência ao Pai, reconhecendo-o como Deus. Com outras palavras, toda criatura alcança sua realização plena e perfeita no próprio Deus. Esse dinamismo é intrínseco a qualquer criatura (Rm 8,19-23), embora somente o ser humano tenha conhecimento dele. Quanto mais nos assemelharmos a Jesus Cristo, tanto mais estaremos sendo autênticos "filhos de Deus", concretizando na história o que constitui nossa *identidade última* de seres humanos. Ao afirmar que "Cristo manifesta plenamente o homem ao próprio homem e lhe descobre sua altíssima vocação",[4] o Concílio Vaticano II afirma Jesus Cristo como nossa "matriz", nosso modelo acabado, nossa meta de vida, nossa realização perfeita.

Por outro lado, toda ação do *Espírito Santo* na vida de Jesus foi levá-lo à obediência plena ao Pai, foi conduzi-lo à realização do projeto de Deus na história, o projeto do Reino. Essa ação salvífica também se dá conosco, levando-nos a assumir "o mesmo sentir e pensar" de Cristo (Fl 2,5), a ter uma profunda sensibilidade por nosso semelhante às voltas com o sofrimento, com a pobreza, com a injustiça, com a impotência, com a marginalização, tal como Jesus o demonstrou tantas vezes ao longo de sua vida. Podemos mesmo afirmar que toda ação do Espírito

---

[4] VATICANO II. *Gaudium et Spes*, n. 22.

Santo em nós é uma ação "cristofórmica" de plasmar Cristo em nós, de nos fazer sair de nós mesmos em direção ao outro necessitado, numa atitude de serviço ao semelhante como a de Jesus. "O Filho do homem não veio para ser servido, mas para servir" (Mc 10,45).

Portanto, mesmo mantendo sua transcendência, o Deus da Bíblia se faz presente na história humana, porque apresenta um projeto de vida para a humanidade a ser realizado pela mediação de pessoas livres e responsáveis. Nesse sentido, sua ação salvífica é universal e prévia a qualquer expressão de cunho religioso. O que costumamos chamar habitualmente de "fazer a vontade de Deus" significa, então, sintonizar com esse projeto de Deus, aderir à sua atuação constante em nós pelo seu Espírito de vida. Ter fé não é se refugiar num mundo do além ou da interioridade, mas assumir sua responsabilidade na construção dessa sociedade querida pelo Deus do Reino. No fundo, o que Deus quer é a felicidade dos seres humanos, que só se poderá realizar numa sociedade de irmãos com profunda sensibilidade de uns pelos outros, os quais realmente vivam a solidariedade evangélica.

Assim compreendemos a perfeita sintonia de Jesus Cristo, com a vontade do Pai através de sua vida e de seu ensinamento; fidelidade essa que lhe custou a própria vida. Assim, podemos igualmente entender a vocação e a identidade última dos seguidores de Cristo, cuja fé deve ser atuante e responsável diante de tudo o que danifica ou destrói o projeto de Deus ou a felicidade dos seres humanos. Este é o objetivo da ação permanente de Deus em nós, que São Paulo tematiza como a ação do Espírito (Gl 5,22-25), realização plena da lei (Rm 13,8-10), carisma supremo

(1Cor 12,31), ou que São João afirma ser a característica que identifica sem mais o cristão (Jo 13,35) e que será o critério decisivo para nossa vida em Deus (Mt 25,34-46).

Trata-se, porém, de um amor fraterno *efetivo* e não apenas afetivo, que exige do cristão uma vida de disciplina e de oração, bem como um compromisso social e político. Mas a fé cristã não pode ser reduzida a uma ética em vista de um mundo melhor ou de uma sociedade mais humana, pois ela tem origem e é alimentada por uma mística, a mística da atuação contínua do Deus do Reino. Essa ação é primeira, gratuita, origem e capacitação do agir humano. Ela é captada na experiência, já que não pode ser objeto de conhecimento por se tratar de uma ação *de Deus*.

Portanto, a fé cristã nos ensina que toda compreensão do ser humano excede o que nos fornece uma antropologia fundamentada na razão. Fomos criados em Cristo (1Cor 8,6; Cl 1,16), ele é a nossa "matriz", ele nos foi entregue (Jo 3,16) e continua presente e atuante em nós pela ação do Espírito Santo, como vimos. Observemos que essa ação do Espírito atinge o centro da pessoa, refluindo para suas faculdades, que serão por ela atingidas. E como não podemos separar a pessoa de Jesus Cristo de sua missão pelo Reino de Deus, podemos igualmente afirmar que o dinamismo do Espírito Santo nos impulsiona para a construção desse Reino. Ao acolhê-lo, assumimos o que foi determinante e central na existência de Jesus (Fl 2,5). De fato, toda ela foi pôr-se a serviço do Reino de Deus na obediência ao Pai. Consequentemente, acolher em si o dinamismo do Espírito já assemelha o ser humano à pessoa de Jesus Cristo, ao levá-la ao compromisso pelo Reino de Deus.

2. A experiência cristã de Deus

O que vimos até aqui confirma a verdade mais ampla, que afirma ser todo conhecimento humano um conhecimento interpretado, a saber, um conhecimento que capta seu objeto porque o entende sempre no interior de um horizonte de compreensão. A pergunta feita pelo sujeito à realidade determina o setor da realidade que será conhecido. Daqui temos a diversidade das ciências, mesmo que estejam às voltas com o mesmo objeto, como, por exemplo, o ser humano. Portanto, todo conhecimento tem uma dimensão objetiva (que provém da realidade) e outra subjetiva (que nasce do sujeito).

A experiência de Deus, tal como até aqui a entendemos, acontece no interior de um horizonte aberto pela fé em Jesus Cristo, que oferece a chave de interpretação do fenômeno, entendendo-o como uma *experiência cristã* ou uma experiência do Deus revelada por Jesus Cristo. Entretanto, vimos também que o cristão, enquanto seguidor de Jesus Cristo e não apenas como alguém que conhece sua história e sua doutrina, acolhe na fé sua pessoa e seus ensinamentos, ou, com outras palavras, acolhe-o numa opção consciente e livre, a qual implica necessariamente não só uma oferta de sentido último para sua existência, mas, sobretudo, uma práxis de vida, uma orientação profunda constituída por suas opções de cada dia, tendo as próprias opções de Jesus Cristo como critério de que esta práxis é realmente cristã. "Quem conserva e guarda os meus mandamentos, este me ama" (Jo 14,21). Portanto, o discípulo de Cristo não pode se contentar apenas com sentimentos e palavras, mas demonstrar a autenticidade de sua fé por seu comportamento (1Jo 3,17s).

Vimos também que toda *ação do Espírito Santo*, a saber, do Espírito de Cristo (Rm 8,9; Gl 4,6; Fl 1,19) em nós, é para nos levar a assumir a práxis de Jesus pelo Reino de Deus, razão última de sua vida e motivo unificador de seus atos. "Se vivemos pelo Espírito, andemos também sob o impulso do Espírito" (Gl 5,25). Se Paulo chega a caracterizar essa ação como proveniente do Espírito, é porque ele percebeu nela algo que a distinguia dos demais movimentos que normalmente provêm do coração humano. Como se dá a percepção de que este movimento é realmente *de Deus* constituiu sempre um problema para a reflexão teológica e para os mestres da espiritualidade. Deus é transcendente e não pode ser objeto de conhecimento como as demais realidades deste mundo, mas deve, por outro lado, ser percebido de algum modo pelo ser humano. Pois, caso contrário, não poderíamos falar propriamente de revelação *de Deus* ou de inspiração *de Deus*, e o cristianismo seria apenas um discurso ou uma ideologia fruto apenas da mente humana.

A reflexão teológica do passado se concentrou no *aspecto cognitivo* da questão. Como pode se dar tal conhecimento, salvaguardando a transcendência e o mistério de Deus? Desse modo, não o explicam como conhecimento temático de um objeto, mas sim como conhecimento não temático, como certa *consciência* da ação divina presente já no conhecimento concreto, como percepção irredutível a um conceito, pois, não objetivável.[5] A própria pessoa que dela tem consciência não consegue traduzi-la

---

[5] Ver o excelente estudo de MAC DOWELL, J. A. A experiência de Deus à luz da experiência transcendental do espírito humano. *Síntese*, v. 29, n. 93, p. 5-34, 2002.

perfeitamente em conceito e, assim, comunicá-la aos demais. Quando o faz, tal tradução se realiza no interior de seu horizonte de compreensão, numa linguagem que pode não ser entendida por quem se situa fora dele. Sendo assim, podemos ter, provenientes da mesma fonte, místicas autênticas mas diversas pela multiplicidade do quadro interpretativo.

Igualmente não passou despercebida aos estudiosos da questão a importância das opções cristãs, ou de um seguimento de Cristo realmente *efetivo*, para a própria percepção da ação do Espírito. Pois, quanto mais impulsos anteriores do Espírito foram convertidos em ações que moldaram a vida do cristão, tanto mais facilmente poderá ele perceber os novos impulsos devidos a certa sintonia dos mesmos com sua vivência pessoal. Trata-se de um conhecimento *sui generis*, conhecimento por "conaturalidade", na expressão de Santo Tomás de Aquino.

Este ponto não foi muito desenvolvido no passado, apesar da enorme riqueza oferecida pelos santos e santas, ao manifestarem o que percebiam desta ação do Espírito. Mesmo que com linguagens de difícil acesso em nossos dias, eles certamente testemunham a centralidade do amor fraterno, também como expressão do amor a Deus, em suas vidas. A exemplo de Jesus, em sua existência para os demais, também é na fé testemunhada na vida que o cristão merece realmente ser considerado um seguidor do Mestre de Nazaré. Pois Cristo não só viveu para os demais como também ensinou que esta modalidade de existência é critério decisivo para caracterizar seus seguidores (Jo 13,35). A autêntica fé cristã implica, sem mais, sensibilidade, compaixão, envolvimento com outro em necessidade. Considerando ser o amor a Deus comprovado no amor ao próximo o critério decisivo na vida do cristão, o cristianismo reconhece o *primado da práxis* em sua verdade.

Entretanto, como já observamos anteriormente, não podemos negar que no passado os estudos sobre a mística cristã estavam mais voltados para o conhecimento de Deus, não só nos fenômenos místicos dos grandes mestres, mas também na mística cotidiana do simples cristão.[6] Desenvolveu-se muito mais o aspecto cognitivo, a saber, como poderia ser explicada a experiência de proximidade e de distanciamento de Deus nas experiências místicas. Aqui terá importância única o dinamismo irreprimível do espírito humano para o infinito, que explica sua capacidade de conhecer e de agir livremente. Enquanto horizonte jamais apreendido e captado, mas possibilitando o conhecimento e a liberdade, vislumbra-se o mistério de Deus e se preserva sua transcendência.[7] Esse *Mistério*, sempre presente na pessoa humana, pode emergir na consciência em determinadas situações da vida marcadas pelo sofrimento, pela solidão, pelo vazio da vida, pela injustiça, pelo sentimento de impotência, pela proximidade da morte. Naturalmente aos místicos não faltaram alusões ao sofrimento, à angústia, ao abandono, provenientes seja da própria experiência mística, seja originadas pela incompreensão e pela rejeição de seus contemporâneos, mesmo sendo cristãos. Naturalmente, o exemplo da vida e, sobretudo,

---

[6] Ainda hoje este enfoque predomina em certos ambientes. Ver KRASCHL, D. *Indirekte Gotteserfahrung*. Freiburg: Herder, 2017.

[7] Karl Rahner foi um teólogo que partiu da experiência mística assim considerada para elaborar a própria teologia. Ver FRANÇA MIRANDA, M. Da experiência de Deus à teologia. In: *A Igreja numa sociedade fragmentada*. São Paulo: Loyola, 2006, p. 211-235.

da paixão de Jesus Cristo muito os ajudava nesta experiência de *kenosis* e de humilhação.

Em nossos dias, o quadro é outro. Temos uma consciência muito maior da miséria e do sofrimento humano em nosso planeta, indignamo-nos diante da lógica desumana da economia atual, sentimo-nos impotentes para mudá-la, tentados pela resignação ou pela revolta. A *urgência de ações* incita-nos a nos comprometermos com a erradicação das doenças, da fome, das guerras, dos preconceitos, dos ódios herdados. Para os cristãos, *aqui* se faz sentir a ação do Espírito Santo, que os leva à práxis de Jesus Cristo pelo Reino de Deus. Eles desfrutam do horizonte aberto pela fé cristã, que os incita e se confirma na dedicação ao outro necessitado. Ao atualizarem em si o gesto de Jesus Cristo em sua obediência ao Pai, ao Deus do Reino, eles têm certa consciência, embora envolta em mistério, da ação divina que os incita, fortalece e confirma sua opção cristã.

Experiência de Deus na qual a *cruz* também se faz presente, não tanto pela sede insaciada de mergulhar em Deus, mas pela incompreensão de uma sociedade marcada pelo individualismo e pelo afã por bens materiais. A lógica da solidariedade é visceralmente contrária à lógica da acumulação e do prazer. No fundo, constitui uma denúncia a esta última. Também nela está presente a cruz e a *kenosis*, que acompanharam a existência de Jesus Cristo, igualmente incompreendido e ridicularizado pelos sábios e poderosos de seu tempo. Entretanto, a persistência que caracteriza o empenho de muitos por diminuir o sofrimento humano nos comprova provir do próprio Deus o impulso para tal.

3. Experiência de Deus na atual sociedade

Hoje vivemos num mundo no qual a abóbada cristã que cobria os múltiplos recantos da sociedade ocidental simplesmente desapareceu. Convivemos com uma pluralidade de cosmovisões, de interpretações, de horizontes culturais, de procedimentos e comportamentos que não só constitui um desafio para a evangelização da Igreja que se quer universal como também uma interrogação perplexa sobre como podemos identificar a presença atuante de Deus, que não cessa apenas por se deparar com uma sociedade carente de uma referência cristã explícita em muitos de seus membros, ou com um mundo constituído por religiões diversas que apresentam teologias e práticas próprias. Não podemos aceitar que a ação salvífica de Deus se limite ao interior do cristianismo e que este seja considerado pelos de fora como um simples gueto. Aliás, esta hipótese se revela hoje impossível até mesmo no interior das instituições cristãs, assistenciais ou educativas, por abarcar inevitavelmente em seu interior a diversidade da própria sociedade onde se encontram.

Por outro lado, deparamo-nos com pessoas que, mesmo sem ser cristãs ou pertencer a nenhuma religião, nem motivadas por quaisquer ideologias, empenham-se no serviço ao próximo, na luta por um mundo mais justo, na ajuda aos mais necessitados, na diminuição dos sofrimentos alheios, num compromisso gratuito, desinteressado, altruísta, difícil de ser explicado numa cultura que preza o individualismo e idolatra o ganho financeiro. Por isso mesmo, tais gestos de solidariedade humana nem sempre são devidamente compreendidos. Se alguns os aplaudem e incentivam, outros os veem com estranheza e incompreensão.

Mas nós, cristãos, podemos por nossa fé realizar a leitura correta deste fenômeno.

Pois o Deus dos cristãos não é apenas um Ser superior, onipotente, transcendente, mas um Deus que tem um projeto para a humanidade e que conta com a colaboração humana para realizá-lo. *Sintonizar com seu projeto do Reino é sintonizar com Ele.* Aí então ele se faz presente e atuante, embora de modo não "religioso".

Sem pretender desvalorizar a herança cristã que recebemos, seja de cunho doutrinal ou ético, seja referente ao culto ou à comunidade, devemos reconhecer que a ação do Espírito Santo transcende quaisquer muros institucionais de crenças ou descrenças, quaisquer âmbitos de ideologias ou de mundividências. Como o vento sopra onde quer, assim também o Espírito de Deus (Jo 3,8).

Essa ação do Espírito tem por finalidade a realização do Reino de Deus, dando continuidade na história à razão última da vida e da atividade de Jesus Cristo. Fazer de toda a humanidade a *família de Deus* e possibilitar uma convivência pacífica entre seus membros, tal como fez Jesus, é o objetivo da ação do Espírito. Como atuou em Cristo, levando-o a uma vida para os outros, assim se caracteriza também hoje o seu agir. Não só age ao nos fornecer horizontes novos de leitura abertos pela fé (1Cor 12,3), mas ainda determina nosso comportamento concreto diante dos nossos semelhantes: "Se vivemos pelo Espírito, sigamos também sua ação em nós" (Gl 5,25), que nos incita a viver a caridade, a plenitude da Lei (Gl 5,14).

A presença de Deus transcendente em toda a realidade, mais conhecida como a "criação contínua", abre a possibilidade de encontrá-lo em todas as coisas, pressupondo sempre um olhar de fé para saber captá-lo. Este dado da tradição cristã, já fomentado por Inácio de Loyola, recebe hoje uma conotação mais interpessoal. Pois somos seres de relações interpessoais e nelas podemos sempre encontrar Deus. Parafraseando Santo Inácio, podemos afirmar que, iluminados e fortalecidos pelo Espírito, encontramos Deus nas relações humanas, desde que estas se realizem no respeito à dignidade de cada um, no empenho pelos mais pobres e excluídos, no acolhimento aos imigrantes e desalojados, no cuidado com os enfermos, na luta pelos injustiçados e perseguidos, enfim, na dedicação à vida dos que se acham ameaçados.

Ao tornar realmente *efetiva* esta atitude inspirada e movida pelo Espírito, a pessoa sintoniza com esse mesmo Espírito, age como Cristo agiria, realiza o que mais profundamente caracteriza o próprio "ser cristão" (Jo 13,35). Essa sintonia com o Espírito Santo concretiza a resposta do ser humano ao amor primeiro de Deus por ele, já que o amor fraterno é a *mediação incondicionada* deste amor de Deus. Igualmente implica a realização de sua existência e o sentido último de sua vida, que a cultura atual não lhe oferece. Tal sintonia não passa despercebida, pois a ação do Espírito atinge a totalidade da pessoa, embora não possa alcançar a nitidez de um conhecimento objetivo, expresso num conceito. Mas a experiência não só proporciona à pessoa uma convicção não alcançada pela mera razão – convicção esta que brota de seu interior – como também a envolve com sentimentos de paz e de alegria profundas, bem como lhe fornece um consistente e gratificante *sentido* para a vida. Podemos dizer que a pessoa experimenta o "teologal" da ação de Deus, embora não disponha do horizonte cristão para determiná-la como tal, a saber, como "teológica". É possível até lhe fazer uma leitura com categorias de outras religiões ou de outros sistemas de pensamento, mas no fundo o agente principal é o Espírito Santo que a move.

Aqui se dá a autêntica experiência de Deus por parte de qualquer ser humano, sendo que o cristão pode identificá-la à luz de sua fé, enquanto os demais homens e mulheres, solidários com seus semelhantes, percebem esse impulso que vem de dentro deles, embora não possam nomeá-lo. Na atual sociedade secularizada – avessa ou simplesmente distraída com relação a qualquer referência a um Transcendente, impactada pelas ruínas das representações tradicionais de Deus, ainda procurando balbuciar para nossos contemporâneos o Mistério que os envolve numa linguagem pertinente –, *Deus continua vivo, atuante e presente* nas pessoas que encarnam a solidariedade e o amor para com seus semelhantes.

Não se pode pôr em dúvida a necessidade da comunidade eclesial que proclama em Jesus Cristo o sentido último de toda a criação e a realização plena da humanidade. Porém, a Igreja, reconhecendo a ação do Espírito para além de seus limites institucionais, deveria apoiar e incentivar tais ações de solidariedade sem o afã de logo batizá-las como cristãs, pois sabe que o Reino de Deus é bem mais amplo do que ela própria. Por outro lado, o empenho de muitos contemporâneos nossos que não professam explicitamente nossa fé cristã, mas atuam como autênticos discípulos do Mestre de Nazaré, acaba por tornar-se uma *instância crítica* muito atual e pertinente neste final de cristandade, pois na vida de muitos cristãos as expressões religiosas e as práticas devocionais não são devidamente acompanhadas do amor efetivo e solidário pelo semelhante em necessidade.

Se no passado a mística buscava especialmente um maior conhecimento do mistério de Deus, expressa na sede de Deus, na presença-ausência do Mistério, no horizonte inalcançável da transcendência humana, hoje, também devido ao desafiante contexto sociocultural em que vivemos, a mística é uma "mística de ação", na qual o amor fraterno é a mediação da experiência de Deus[8] e a práxis do Reino é prioritária com relação ao discurso, que é secundário.[9] Trata-se de uma "mística de olhos abertos", uma mística da compaixão, da misericórdia, da sensibilidade com o sofrimento alheio, como foi a mística do próprio Jesus.[10] Uma mística que revela Deus para o mundo hodierno não como uma entidade suprema e onipotente, mas como Amor e Misericórdia, presente e atuante na história em favor de uma humanidade mais fraterna e feliz.

---

[8] SOBRINO, J. *Resurrección de la verdadera Iglesia*. Santander: Sal Terrae, 1981, p. 161.
[9] GUTIÉRREZ, G. *A Verdade vos libertará*. São Paulo: Loyola, 2000, p. 71.
[10] METZ, J. B. *Mystik der offenen Augen*. Freiburg: Herder, 2011, p. 15-23.

Capítulo 2

Deus desafiado pela razão

A cultura atual constitui para muitos de nossos contemporâneos sério obstáculo para admitir um Transcendente que responda pelo sentido último da realidade existente e pela orientação básica que deve imprimir sua existência. Charles Taylor caracteriza esta situação como uma *cultura fechada*, imanente, na qual a preocupação maior é a realização plena do ser humano sem recurso algum a uma realidade que o transcenda.[1] Historicamente este desfecho resultou de uma evolução que, do ponto de vista sociocultural, teve início no Ocidente com o fim da cristandade, com o advento das ciências experimentais, com a autonomia do poder civil e, mais próximo de nós, com o pluralismo cultural e religioso, com o desaparecimento das cosmovisões, com a emergência do individualismo hedonista, do relativismo cultural e da hegemonia esmagadora do fator econômico na vida social.

Esta situação é agravada por certa racionalidade de cunho empírico-formal, para a qual só existe a realidade que pode ser objeto de experiência científica. Consequentemente desaparece

---

[1] TAYLOR, C. *A Secular Age*. Cambridge: Harvard University Press, 2007. [Trad. bras. *Uma era secular*. São Leopoldo: Unisinos, 2010.]

da cultura, sobretudo, universitária a temática sobre Deus, confinada exclusivamente ao âmbito da fé individual.[2] Além disso, a mentalidade científica hoje dominante tende a transformar indevidamente o ateísmo metodológico das ciências numa afirmação filosófica. Também a crise das representações tradicionais de Deus ainda presentes na Igreja tanto ocasiona o aparecimento de expressões religiosas de forte cunho emocional quanto explica o surgimento de espiritualidades sem transcendência ou de abordagem de verdades cristãs na ótica das ciências da religião.

Reconhecemos que a problemática em torno da transcendência de Deus já tem uma longa história no cristianismo, emergindo especialmente em torno da chamada "teologia negativa", em sua vertente tanto neoplatônica quanto aristotélica,[3] embora com um sentido diferente do de hoje, pois positivamente caracterizava o alcance e o limite de uma afirmação sobre Deus.[4] Hoje, com a emancipação do pensar filosófico da tradição cristã, apenas indica uma abertura última do espírito humano, ainda que ambígua e imprecisa, e assim uma *docta ignorantia* mais radical que a do passado.

Sabemos também que a revelação de Deus não desvenda seu mistério, mas o confirma, como nos atesta a Bíblia, embora suas ações salvíficas na história de seu povo deixem entrever algo de

---

[2] BOUILLARD, H. Transzendenz und Gott des Glaubens. In: *Christlicher Glaube in moderner Gesellschaft 1*. Freiburg: Herder, 1981, p. 88-131, aqui p. 117.
[3] KASPER, W. Atheismus und Gottes Verborgenheit in theologischer Sicht. In: *Christlicher Glaube in moderner Gesellschaft 22*. Freiburg: Herder, 1982, p. 32-57, aqui p. 40-42.
[4] KREINER, A. *Das wahre Antlitz Gottes oder was wir meinen, wenn wir Gott sagen*. Freiburg: Herder, 2006, p. 145.

si sem eliminar o mistério de sua liberdade absoluta.⁵ Entretanto, o Deus escondido da revelação bíblica é mais visto em nossos dias como o Deus incompreensível, a saber, não mais numa perspectiva histórico-salvífica, mas nos quadros de uma teoria do conhecimento. De qualquer modo, o escondimento de Deus abre espaço para a liberdade tanto da opção da fé quanto da opção do ateísmo ou do agnosticismo, enquanto interpelação indeterminada sujeita a diversas interpretações.

Nossa exposição está dividida em três partes distintas pela temática e pela ótica de leitura, mas estreitamente relacionadas entre si. Começaremos examinando a opção de fé subjacente à reflexão teológica. Em seguida veremos a importância da filosofia para o exercício do saber teológico, terminando com a colaboração que este saber deve receber das ciências da religião. Mesmo enfatizando a interdependência das partes, não serão silenciadas as dificuldades e as tensões nela presentes.

1. A teologia como inteligência da fé

A teologia é caracterizada como a inteligência da *fé*. Entendemos aqui fé em seu sentido bíblico, a saber, a atitude de alguém que fundamenta sua vida em Deus, deixa que ele dela disponha, considera-o como o absoluto de sua existência. Fé implica, assim, uma opção, uma entrega livre de toda a existência. Entretanto, aquele que crê procura iluminar, esclarecer e aprofundar o que lhe oferece a revelação de Deus na história. E esta reflexão o teólogo sempre a realiza a partir de sua fé pessoal, pois a teologia,

---

⁵ RAHNER, K. Über die Verborgenheit Gottes. *Schriften zur Theologie XII*, Einsiedeln: Benziger, p. 285-305.

mais ainda do que as ciências humanas, não pode prescindir do *sujeito*, pois nunca se trata de um conhecimento impessoal.[6] Além disso, na opção da fé está implicada a *totalidade*[7] do que crê, já que ela parte do mais íntimo da pessoa, em que se encontram unidas suas diversas faculdades (inteligência, vontade, afetividade, memória), portanto, devidamente presentes no ato de fé. Se alguma destas faculdades se apresenta como a totalidade, então haverá certamente uma deformação da fé autêntica, pois esta implica sempre o compromisso e o envolvimento de toda a pessoa.[8]

Se tivermos presente que Deus se revela como salvação e realização plena do ser humano, porquanto constitui sua felicidade última, ele se manifesta atraindo o ser humano todo para si, como sentido e fim último de sua existência. Essa atração divina presente na autocomunicação de Deus atinge o ser humano em sua *totalidade*, de tal modo que sua resposta na fé a esse gesto divino implica sua inteligência, sua liberdade e sua afetividade, que, por estarem enraizadas no mais íntimo da pessoa, se condicionam mutuamente. Já sabemos como a inteligência humana é influenciada pela liberdade e pela afetividade. Igualmente a liberdade é iluminada pela inteligência e estimulada pela afetividade.[9] Desse modo, a resposta do que crê consiste na "fé que opera pelo amor" (Gl 5,6); é uma resposta livre a um amor prévio que a possibilita e dinamiza, de tal forma que a caridade que a

---

[6] TAYLOR, op. cit., p. 285s.
[7] TILLICH, P. *Dynamics of Faith*. London: G. Allen&Unwin, 1957, p. 4.
[8] Ibid., p. 30.39s. Daí a afirmação deste autor: "All decisions of faith are existential, not theoretical decisions" (ibid. p. 66).
[9] MOUROUX, J. *L'experience chrétienne*. Paris: Aubier, 1952, p. 256.

informa realiza o dinamismo inerente à fé.[10] Portanto, por se tratar de Deus, que não pode ser objeto de conhecimento, esse amor prévio desencadeia uma atração, um instinto, uma intuição, que possibilita a própria fé.[11]

E é exatamente na opção de fé, a saber, na entrega confiante à atração divina, que a *luminosidade* da verdade cristã brilha para a inteligência. Tanto Maurice Blondel[12] quanto Pierre Rousselot[13] afirmam esta verdade, embora, devido ao modernismo da época, por um lado, e ao intelectualismo tomista reinante, por outro, ambos se preocupem mais com a certeza da fé, sem desconhecer, entretanto, a riqueza presente no interior da própria fé. Nosso objetivo, porém, é explicitar o que nos *oferece a mais* o exercício da própria fé e que não é conseguido em sua ausência, naqueles que se ocupam das mesmas verdades reveladas.

Vejamos. Tanto Blondel quanto Rousselot concordam que a ação de Deus não acontecia posteriormente, mas sim no *interior* mesmo da opção de fé.[14] Rousselot observa que o amor, com tudo o que implica, afetiva ou emotivamente, orienta interiormente o próprio dinamismo do conhecimento, fazendo-o perceber o que outros que dele carecem não podem ver. Quem ama vê com novos olhos e, quanto mais ama, melhor percebe novos aspectos do que conhece. Como explica H. de Lubac, trata-se de uma intuição nascida da experiência, não de um raciocínio, embora possa ser

---

[10] Ibid., p. 327.
[11] DE LUBAC, H. *Sur les chemins de Dieu*. Paris: Cerf, 1983, p. 73.
[12] BLONDEL, M. La philosophie de l'action et la crise moderniste. In: *Oeuvres completes. Tome II*. Texte établi et presente par Claude Troisfontaines. Paris: PUF, s/d, p. 113.
[13] Ver HOLSTEIN, H. Le théologien de la foi. *RSR* 53 (1965) p. 86-125.
[14] OSSA, M. Blondel et Rousselot: point de vue sur l'acte de foi. *RSR* 53 (1965) p. 186-207, aqui p. 201.

explicitada na reflexão teológica posterior.[15] A vivência do amor acarreta um crescimento da inteligência. Esta nova perspectiva presente no que crê, Rousselot considera mesmo outro objeto formal.[16] Ele chama tal percepção de "conhecimento simpático" e explica, assim, o conhecimento por conaturalidade em Santo Tomás de Aquino.[17]

Daí uma *melhor percepção* da credibilidade e da própria verdade de fé por parte daqueles que vivem autenticamente a própria fé, sejam eles simples ou doutos, pois aqui tem papel decisivo a obediência à ação do Espírito Santo.[18] Se o principal fruto do Espírito é o amor (Gl 5, 32), então, quem ama conhece a Deus (1Jo 4,7). E como Paulo afirma que "ninguém conhece o que é de Deus a não ser o Espírito de Deus", e como nós "recebemos o Espírito que vem de Deus para conhecermos os dons que Deus nos concedeu" (1Cor 2,11s), também para Blondel uma verdade mais bem praticada é mais bem conhecida.[19]

Porém, o *elã da fé*, enquanto decorrente da atração divina na comunicação de si ao ser humano, não se dirige simplesmente a um mistério sempre inalcançável e inexprimível, pois a fé cristã se fundamenta em última instância em *Jesus Cristo*.[20] Pois essa

---

[15] DE LUBAC, H. *Les chemins de Dieu*, p. 131.
[16] Ver FABRIZIANI, A. V. L'epistemologia di "Les yeux de la foi", tra induzione scientifica e ruolo cognitivo dell'amore. *Gregorianum* 96 (2015) p. 749-769, aqui p. 760s.
[17] ROUSSELOT, P. Les yeux de la foi. *RSR* (1910), p. 241-259; 444-475, aqui p. 458-463.
[18] Ibid., p. 464; LUBAC, op. cit., p. 130. Ver ainda McDERMOTT, J. De Lubac and Rousselot. *Gregorianum* 78 (1997) p. 735-759, aqui p. 752s.
[19] BLONDEL, op. cit., p. 163.
[20] Já observado por H. Bouillard, J. Alfaro e G. Colombo. Ver LECUIT, J.-B. Y a-t-il un désir naturel de Dieu? *Revue d'Éthique et de Théologie Morale* (2010) p. 57-81, aqui p. 69.

autocomunicação é a do *Deus de Jesus Cristo* pela ação do Espírito Santo enquanto *Espírito de Cristo*. Consequentemente, a opção de fé é sempre intrinsecamente *crística*, não pode prescindir da pessoa de Jesus Cristo como sua revelação e mediação histórica. Vejamos como explicitar esta afirmação.

A pessoa de Jesus Cristo revelou um relacionamento peculiar com Deus, a quem invocava como seu Pai, ao qual orientava sua vida e ao qual obedecia. Este é também o relacionamento do Filho eterno do Pai, já que Jesus Cristo é o único acesso que temos ao interior da Trindade. A geração eterna do Filho indica haver na Trindade alguém distinto do Pai, que pode sair de Deus e se encarnar, salvaguardando a transcendência de Deus. Esta verdade possibilita toda a criação fundamentada em Cristo e, de modo especial, o ser humano, criado à imagem do Filho eterno de Deus para assumir em sua existência o mesmo relacionamento filial com Deus.

Consequentemente, o amor do Pai pela humanidade tem *fundamento* no amor eterno do Pai por seu Filho, no qual somos amados. A autocomunicação divina é sempre crística. Mas, pela mesma razão, tendo sido criados em Cristo e tendo nele nossa matriz, nossa fé enquanto entrega total a Deus também é intrinsecamente crística. Trata-se da vertente objetiva da fé que não consiste apenas num sinal ou num simples indício ou traço de Deus, como podemos inferir da natureza ou de eventos históricos, mas de uma "figura histórica" que sintetiza em si a realidade da opção de fé.[21] Poderíamos dizer mais. A pessoa de Jesus Cristo, pelo que ela é e se manifestou na história, já interpela e

---

[21] BALTHASAR, H. V. *La Gloire et la Croix I*, Paris: Aubier, 1965, p. 149-153.

atrai a si todo ser humano, levando-o a sua realização plena na vivência autêntica da fé no Pai, comprovada no amor a seu próprio semelhante. Mencionemos ainda, para completar o quadro, que Jesus Cristo, em sua entrega filial ao Pai, sempre foi animado pelo Espírito Santo. Esse mesmo Espírito, ele nos prometeu e enviou para que possamos conformar nossa vida com a sua entrega filial ao Pai. Com outras palavras, só Deus pode nos fazer chegar a Deus.[22]

Esta afirmação ganha mais força quando temos presente que a encarnação do Filho eterno do Pai não elimina a inacessibilidade da transcendência de Deus para o ser humano. Pois o que foi criado não pode ser considerado divino sem mais. Pode, isto sim, assinalar a presença de Deus entre nós, apontar para o Transcendente, remeter o ser humano ao Mistério. Assim, Jesus Cristo foi, em sua pessoa e em sua vida, a revelação única e definitiva do Pai na história, mas, como ele é Deus, só é acessível em sua identidade (1Jo 1,1) através da fé acionada pelo Espírito Santo (1Cor 12,3), a qual permite um crescente "conhecimento interno" de Jesus Cristo.[23]

Da encarnação do Filho decorrem todas as demais realidades que sinalizam a presença ativa, salvífica, amorosa de Deus em nossa história: a Palavra de Deus, os sacramentos, a comunidade eclesial, o testemunho da caridade vivida, as espiritualidades, a própria teologia; realidades que não têm sentido em si mesmas, pois seu sentido é serem ultrapassadas ao nos remeter ao Transcendente.

---

[22] Ou como afirma incisivamente BALTHASAR, op. cit., p.151: "Dieu n'est connu que par Dieu".
[23] ARZUBIALDE, S. *Ejercicios Espirituales de S. Ignacio. Historia y Análisis*. Bilbao/Santander: Mensajero/Sal Terrae, 2009², p. 349: conhecimento interno tanto porque atinge o centro da pessoa quanto porque vai além do relato evangélico.

Daí a necessidade absoluta do *olhar da fé* para que elas sejam o que devem ser. Devido ao olhar da fé, essas realidades não só nos levam a Deus, não só são sinais que mediatizam a imediatismo de Deus nos que creem, mas ainda desvelam existencialmente na fé vivida novos aspectos do Mistério.[24] Assim, vemos como não podemos separar a característica subjetiva da característica objetiva da fé, sob pena de cairmos num mero psicologismo.

Mesmo buscando maior inteligência da ação salvífica de Deus na história em vista de melhor comunicá-la às sucessivas gerações de cristãos, também a reflexão teológica não termina em si mesma, mas, enquanto remete ao Transcendente, ela só chega à sua realização última ao conduzir ao imediatismo de Deus todos aqueles que a ela se dedicam. Se considerarmos a mística em seu sentido amplo de busca de Deus acionada pelo próprio Deus, então devemos afirmar que toda verdadeira teologia é também mística, como igualmente toda verdadeira mística é teológica. Pois Deus, em sua transcendência, não pode ser objeto do conhecimento e da vontade humana, mas sim Alguém que desencadeia um dinamismo na inteligência e na liberdade para mais conhecê-lo e desejá-lo.[25] Tarefa da teologia é procurar explicitar e tematizar, com conceitos historicamente condicionados, incompletos, sujeitos a aperfeiçoamentos e correções, a busca que nunca se detém, pois se encontra Deus buscando-o sempre.[26]

---

[24] JOÃO PAULO II. *Dominum et Vivificantem*, n. 8.
[25] LONERGAN, B. Natural Knowledge of God. In: RYAN, W.; TYRRELL, B. (ed.). *A Second Collection*. Philadelphia: Westminster Press, 1975, p. 117-133, aqui p. 123.
[26] DE LUBAC, H. *Sur les chemins de Dieu*, p. 191. Como dizia São Gregório de Nissa: "... cujus inventio est ipsum quaerere. Non enim aliud est quarere, et aliud invenire: sed exquirendi lucrum est ipsum quaerere" (PG XLIV, 720). Para textos semelhantes em Santo Agostinho, ver: MADEC, G. *Le Dieu d'Augustin*. Paris: Cerf, 1998, p. 92s; 144; 166.

2. A importância da filosofia para a teologia

Desde o início, filosofia e teologia caminharam juntas, pois a própria filosofia nasce como reflexão crítica à religião e aos seus mitos, embora recebendo da religião suas problemáticas.[27] Na era do cristianismo até a Idade Média, a fé "supra-assume" a filosofia, dando lugar à teologia. Nos tempos modernos, a filosofia procura explicar, criticar ou mesmo, em certos autores, superar a religião.[28] Assim, nasce a filosofia da religião, que apresenta distintos tipos: o especulativo, o crítico, o fenomenológico, o linguístico e o hermenêutico.[29] De modo geral sujeito a ulteriores explicações, podemos dizer que tanto a teologia quanto a filosofia tratam da *totalidade* da realidade, buscam o *sentido último* do mundo, procuram trazer a multiplicidade para a unidade da compreensão, seja a partir da razão, seja a partir da fé. A teologia, ao tratar do Deus revelado, considera-o como origem de toda a realidade, caracterizando-a consequentemente como contingente. Por outro lado, também uma concepção do mundo estática ou dinâmica determina a representação de Deus. De qualquer modo, sem sua relação à totalidade do mundo, o vocábulo "Deus" se torna uma palavra vazia ou mero produto de sonhos humanos,[30] e uma religião que renunciasse a integrar tudo em sua compreensão simplesmente perderia seu significado e sua pertinência.[31]

---

[27] PANNENBERG, W. *Theologie und Philosophie*. Göttingen: Vandenhoeck&Ruprecht, 1996, p. 13.
[28] VAZ, H. *Escritos de Filosofia III*: filosofia e cultura. São Paulo: Loyola, 1997, p. 224.
[29] GREISCH, J. La philosophie de la religion devant le fait chrétien. In: DORÉ, J. (dir.). *Introduction a l'étude de la théologie I*. Paris: Desclée, 1991, p. 243-514, aqui p. 259.
[30] LEHMANN, K. Kirchliche Dogmatik und biblisches Gottesbild. In: RATZINGER, J. (Hrsg.). *Die Frage nach Gott*. Freiburg: Herder, 1973, p. 116-140, aqui p. 122s; RAHNER, K. *Grundkurs des Glaubens*. Freiburg: Herder, 1976, p. 54-61.
[31] DUPRÉ, L. *L'autre dimension. Essai de philosophie de la religion*. Paris: Cerf, 1977, p. 30.

Entretanto, a razão filosófica dos gregos se caracterizava pela sua abertura transcendental ao Ser e pela sua total reflexibilidade em si mesma, que lhe permitia uma unidade analógica na pluralidade de suas formas e de seus usos.[32] Pois a razão filosófica era a forma paradigmática a que se referiam as demais formas. Infelizmente, esta estrutura analógica se rompeu nos tempos modernos e nenhuma das racionalidades atuais (físico-matemática, dialética, lógico-linguística, fenomenológica, hermenêutica) consegue, apesar de pretendê-lo, unificar o campo da Razão. Há, portanto, uma distinção entre Razão e racionalidade. A primeira é universal e a segunda, particular. A Razão está voltada para o Ser em sua totalidade; as racionalidades participam desta Razão de forma peculiar e limitada. Hoje a racionalidade-matriz é a racionalidade lógico-matemática, que reduz a metafísica a um sítio arqueológico e avalia as demais racionalidades pela maior proximidade com este modelo, a começar pela racionalidade empírico-formal, própria das ciências da natureza, como a Física, cujo objeto técnico é considerado como realmente "objetivo" por nossos contemporâneos. Mas também a racionalidade hermenêutica própria do campo da cultura se desenvolve numa tensão entre a racionalidade empírico-formal e a herança recebida das representações tradicionais. Porém, a própria racionalidade filosófica atualmente se organiza em torno do polo lógico em detrimento do polo metafísico. Desse modo, ocupa-se primeiramente consigo mesma: método, estrutura epistemológica, limites de seu discurso. E consequentemente provoca sérias dificuldades ao relacionamento entre filosofia e teologia.

---

[32] O que se segue deve muito ao texto de LIMA VAZ, H. C. Ética e razão moderna. In: MARCILIO, M. L.; RAMOS, E. L. (Coord.). *Ética na virada do século*. São Paulo: Ltr, 1997, p. 53-86.

Por outro lado, a razão filosófica continua ainda em nossos dias a ser estimulada por questões provindas da fé cristã, como já se deu no passado com a noção de pessoa, de liberdade ou do sentido da história.[33] Pois, quando a razão busca se libertar de todo o capital simbólico, sempre presente mesmo quando combatido e criticado, ela se confina ao campo fechado da imanência, se compraz na crítica negativa, no jogo da desconstrução sem fim, no relativismo cultural, e aponta no horizonte para o niilismo destruidor.[34] Sem falar que a razão não pode jamais prescindir da herança que a história lhe legou, que constitui, queira ou não, o solo no qual se encontra.[35] Neste patrimônio histórico estão intimamente presentes muitos elementos religiosos, embora se apresentem hoje numa versão secularizada. Uma razão que exclua sem mais a contribuição da fé ficará sem poder responder às questões vitais postas pelo ser humano sobre sua própria existência, vácuo que tenderá a ser preenchido por crenças irracionais de todo gênero, pelo fanatismo ou por religiosidades de forte cunho emotivo.

Por sua vez, a fé não pode igualmente prescindir da razão, por ser uma opção livre, uma opção racional e consciente de seu ato, assim como a teologia, ao buscar compreender o que crê e espera, goza também de um procedimento racional e crítico. Portanto, a razão é *princípio constitutivo* intrínseco à fé e à teologia, com grande impacto em ambas, como veremos a seguir.

Não nos compete entrar na complexa evolução histórica da metafísica clássica do ser para a metafísica da subjetividade, ou

---

[33] SECKLER, M. Vernunft und Glaube, Philosophie und Theologie. *Theologische Quartalschrift* 184 (2004) p. 77-91, aqui p. 83s.
[34] VALADIER, P. *Un philosophe peut-il croire?* Nantes: Ed. Cécile Defaut, 2005, p. 32.
[35] MARION, J.-L. La relation philosophie-théologie. *RSR* 87 (2013) p. 109-113, aqui p. 110: "la philosophie ne peut pas se séparer de l'histoire de la philosophie".

da ontoteologia para a ontoantropologia, com a perda da noção analógica do ser reduzida à uma noção monossêmica, juntamente com a transformação da metafísica como ciência estruturalmente aberta e inquisitiva para um sistema fechado, regido pelos princípios de causalidade e de razão suficiente.[36] Importante é constatar como essa inflexão filosófica iniciada com Descartes irá influenciar fortemente a própria teologia.

O chamado "giro antropológico" implica abordar a questão de Deus a partir da subjetividade, da abertura do ser humano ao Transcendente.[37] Desse modo, ao se falar de Deus, se está necessariamente falando de si. O discurso sobre Deus implica uma compreensão determinada do ser humano. Ou, como se costumou exprimir: toda teologia é também uma antropologia teológica.[38] Portanto, é importante que, na reflexão teológica, as características marcantes de uma antropologia sejam reconhecidas, pois elas tanto iluminam e aprofundam a compreensão das verdades reveladas quanto a condicionam e a limitam, como nos mostram as teologias de cunho transcendental, existencial, hermenêutico ou fenomenológico, para citar as mais expressivas.[39] Mas o giro antropológico implica também fazer emergir numa reflexão de cunho fundamental a *base antropológica* das próprias verdades reveladas, como se deu, por exemplo: na

---

[36] Para esta questão, ver LIMA VAZ, H. *Escritos de Filosofia III*, p. 342-367.
[37] Blondel já observara que, devido ao princípio da imanência filosófica da modernidade, não se pode falar de uma realidade fora do ser humano que não apresente no mesmo uma conexão, uma exigência, um apelo. Ver AUBERT, R. *Le problème de l'acte de foi*. Louvain: Warny, 1945, p. 278.
[38] Ver RAHNER, K. Theologie und Anthropologie. In: *Schriften zur Theologie VIII*. Einsiedeln: Benziger, 1967, p. 43-65. Poderíamos igualmente mencionar E. Schillebeeckx, P. Tillich, B. Lonergan, W. Panneberg, J. Moltmann e outros.
[39] Ver a introdução de J. GREISCH e G. HÉBERT (ed.) à obra *Philosophie et théologie à l'époque contemporaine IV* (Paris: Cerf, 2011, p. 13-64).

compreensão da ação salvífica de Deus, com a rejeição do supranaturalismo; no devido reconhecimento da humanidade de Cristo; nas condições para uma autêntica comunidade de fé na eclesiologia;[40] na importância dos símbolos para a vida humana; na sacramentologia; na consideração do entorno cultural e histórico da Bíblia; na ampla noção de salvação cristã, que implica uma nova sociedade.[41]

Outro fator filosófico que teve forte repercussão na teologia diz respeito à *hermenêutica*. Pensamos sempre a partir de uma história anterior que nos condiciona, que nos fornece uma consciência histórica na qual nos encontramos confinados, tendo em seu bojo uma tradição, uma cultura, uma linguagem que acabam por determinar nossas pré-compreensões da realidade. Trata-se do conhecido "círculo hermenêutico" ou, mais propriamente, de um círculo helicoidal, já que evolui no curso da história. O procedimento hermenêutico esteve sempre presente no cristianismo desde o seu início,[42] embora ultimamente os teólogos estejam mais conscientes de sua importância.[43]

De fato, conhecer a realidade implica não só a própria realidade conhecida, mas necessariamente o sujeito que a conhece. E este está inevitavelmente inserido numa cultura com sua própria visão do mundo, seus padrões de comportamento, seus interesses e suas orientações; numa palavra, ele conhece sempre no interior de um horizonte de compreensão que lhe é previamente

---

[40] KOMONCHACK, J. A. *Foundations in Ecclesiology*. Boston: F. Lawrence, 1995.
[41] LOHFINK, G. *Deus precisa da Igreja? Teologia do Povo de Deus*. São Paulo: Loyola, 2008.
[42] JEANROND, W. *Theological Hermeneutics. Development and Significance*. London: SCM Press, 1991.
[43] PONTIFÍCIA COMISSÃO BÍBLICA. *A interpretação da Bíblia na Igreja*. São Paulo: Loyola, 1994.

dado e que permite o conhecimento. Isto significa que ele conhece a realidade interpretando-a a partir de seu horizonte. Em sua apreensão atuam conjuntamente sujeito e objeto, de tal modo que não existe verdade fora desta correlação. Assim, a realidade é *aberta* (inteligível), pois seus modos de existir correspondem aos modos de acesso a ela. E modos de acesso implicam horizontes diversos de compreensão.⁴⁴

A teologia, voltada para um evento histórico, Jesus Cristo, ao qual só temos acesso através das expressões de fé da primeira geração de cristãos, os quais, por sua vez, estavam inevitavelmente inseridos em seu "mundo", só pode chegar a este Jesus Cristo no interior de seus respectivos horizontes históricos de compreensão. Este fato implica inevitavelmente o processo de novas interpretações e novas linguagens; processo este mais conhecido como "a dinâmica da inculturação da fé".

Para a teologia, esta conclusão é fundamental, pois o cristianismo nasceu da experiência salvífica com Jesus Cristo por parte de seus discípulos. Portanto, não se trata propriamente de tornar atuais as expressões passadas que a buscam tematizar, mas de possibilitar hoje as experiências salvíficas feitas pelos primeiros cristãos e expressas nos textos sagrados. Desse modo, a transmissão da fé implica mais propriamente interpretar a mensagem evangélica de tal modo que possibilite, ao longo da história, experiências salvíficas com Jesus Cristo.⁴⁵

---

[44] PUNTEL, L. B. Art. Wahrheit. In: *Handbuch philosophischer Grundbegriffe 6 (Studienausgabe)*. München: Kösel, 1974, p. 1649-1668; FRANÇA MIRANDA, M. Verdade cristã e pluralismo religioso. In: Id. *A Igreja numa sociedade fragmentada*. São Paulo: Loyola, 2006, p. 297-314.
[45] FRANÇA MIRANDA, M. *Inculturação da fé*: uma abordagem teológica. São Paulo: Loyola, 2001, p. 63-85.

Portanto, toda autêntica opção de fé traz embutida uma interpretação se realmente é autêntica. Naturalmente essa conclusão não só exclui a pretensão fundamentalista ou a ilusão de uma teologia universal mas implica seriamente uma pluralidade de expressões e práticas da mesma fé, cuja unidade deve respeitar a diversidade. Esta conclusão indica também a *historicidade* do conhecimento humano, o desvelar-se da verdade num processo, a consciência histórica condicionada à linguagem disponível, a sucessão de configurações históricas do cristianismo e a emergência na teologia da dimensão escatológica de qualquer verdade cristã.[46]

Entretanto, o giro antropológico, o advento da hermenêutica, a crise das representações tradicionais de Deus, o fato de uma sociedade pluralista e de uma cultura secularizada, a influência dos mestres da suspeita e outras razões acabaram por tornar problemático o discurso sobre Deus enquanto dirigido a uma Realidade Transcendente. Historicamente, a questão nasce com a crise da metafísica clássica que, até então, via o ser humano voltado para a universalidade do Ser, possibilitando-lhe experimentar o Absoluto. A problemática da transcendência era, portanto, "pensar o Absoluto transcendente na imanência do sujeito".[47] E, enquanto experiência do Ser, desdobrava-se em experiência noética da verdade, experiência ética do Bem e

---

[46] PONTIFÍCIO CONSELHO PARA O DIÁLOGO INTER-RELIGIOSO. *Diálogo e anúncio*. São Paulo: Paulinas, 1996: "A plenitude da verdade recebida em Jesus Cristo não dá aos cristãos, individualmente, a garantia de terem assimilado de modo pleno essa verdade" (49). Nem individualmente nem eclesialmente, pois a compreensão da tradição da fé cresce pela percepção, pelo estudo, pela contemplação, pela experiência espiritual, pela pregação, como afirma o Concílio Vaticano II (DV 8).
[47] VAZ, H. *Escritos de Filosofia III*, p. 198.

experiência metafísica e religiosa do Uno ou do Absoluto.[48] E porque a raiz da metafísica grega era teológica pôde haver uma teologia metafísica no cristianismo. Devemos, entretanto, reconhecer que uma filosofia cristã que fale do Transcendente *como Deus* implica já uma perspectiva cristã de leitura,[49] já que só a razão não chega lá. Santo Tomás percebeu bem isto quando colocou no final das cinco vias a observação "que *nós* dizemos Deus".[50] Por outro lado, este fato não elimina o fato de que só podemos falar de Deus em relação ao mundo, pois um Deus totalmente Outro não permitiria discurso algum sobre si. Se não podemos conceber Deus como um "objeto de conhecimento" como os demais, necessitamos, entretanto, de certa experiência do mesmo para justificarmos um discurso teológico, mesmo que seja uma experiência negativa nascida da consciência da *contingência* da realidade, que indica Deus como a última explicação da totalidade do mundo,[51] a saber, como aquele sem o qual nada existe.[52] De fato, a filosofia não trata de Deus em si, mas da relação do mundo e do ser humano para com ele.[53]

Também a experiência antropológica de estar remetido a um horizonte infinito que possibilita seu conhecimento e sua liberdade, ultrapassando os objetos finitos ao conhecê-los e querê-los por um dinamismo que os transcende, oferece ao ser humano a

---

[48] Ibid., p. 209.
[49] BOUILLARD, H. Transzendenz und Gott des Glaubens, p. 108-119.
[50] TOMÁS DE AQUINO. *Suma Teológica I*, q. 2, a. 3 c.
[51] KRINGS, H. Art. Gott 3. In: KRINGS, H.; BAUMGARTNER, H. M.; WILD, C. (Hrsg.). *Handbuch Philosophischer Grundbegriffe 3*. München: Kösel, 1973, p. 629-641, aqui p. 632.
[52] KNAUER, P. Eine Alternative zu der Begriffsbildung "Gott als die alles bestimmende Wirklichkeit", *ZKTh* 124 (2002) p. 313s.
[53] PANNENBERG, W. *Theologie und Philosophie*, p. 363.

possibilidade de certa *consciência* de Deus, como uma interpelação indeterminada e sujeita a diversas interpretações. Mesmo Descartes, que acabou com o conhecimento analógico do ser, reconhecia que a *ideia do Infinito* era imanente ao sujeito pensante. Daí acontecer o conhecimento do finito sempre através de uma negação. Tanto o que crê como o que não crê se encontram inevitavelmente com o mistério da vida, daquele que a opção de fé permite ser denominado Deus. Também, num enfoque mais existencial, vemos o ser humano como alguém que não consegue viver sem um sentido que ilumine e motive sua existência. O ser humano anseia por um *sentido último* que oriente e justifique sua busca de realização e de felicidade.[54] Ao recusar um sentido último transcendente, a pessoa viverá um "vazio existencial" (V. Frankl) ou buscará substitutivos (Ersatz) efêmeros, como vemos em nossos dias.

Numa perspectiva teológica aberta pela revelação, alguns teólogos como Karl Rahner afirmam que a atração experimentada no horizonte da transcendência vem a ser o próprio Deus se autocomunicando ao homem, do qual o cristão tem somente certa *consciência*, porque Deus é e será sempre Mistério para o ser humano.[55] Já Henri de Lubac vê no dinamismo para o Transcendente uma nostalgia pela fonte da vida, um elã místico que busca levar à sua plenitude o dinamismo do espírito humano explicitado pela filosofia.[56] Mesmo admitindo que reflexão metafísica e elã místico se distingam por seu modo de proceder e por

---

[54] KREINER, op. cit., p. 484-500.
[55] RAHNER, K. *Grundkurs des Glaubens*, p. 122-139.
[56] DE LUBAC, H. *Sur les chemins de Dieu*, p. 173: "Ne convient-il pas plutôt de reconnaître que, sous le raisonnement du philosophe se cache une dialectique anagogique, dont le ressort est autre que le désir de savoir?".

sua finalidade, estando, entretanto, enraizados no mesmo sujeito sob a ação do Espírito Santo, afirma de Lubac que "o esforço filosófico se desenvolve no elã místico".[57] A mística, entendida como união ao Mistério, aparece assim como a realização plena do ser humano, meta última, latente, mas sempre ansiada pelo ser humano tanto na filosofia como na teologia. Observemos apenas que esta mística não se reduz à interioridade do cristão, pois se dirige a um Deus que, ao se encarnar, se tornou solidário com a humanidade, invalidando qualquer mística que desconsidere o próximo, como já afirmaram Paulo (1Cor 13,1-7) e João (1Jo 4,7s).

3. Teologia e ciências religiosas

Não pretendemos entrar nesta hoje já tão debatida questão,[58] mas apenas confrontá-la com nossa reflexão. Dito bem brevemente: entendemos por ciência da religião a abordagem e o estudo do fenômeno religioso a partir de outra ótica da ciência que não a teológica. Nesse sentido, este ramo do conhecimento aparece como uma ajuda efetiva e mesmo necessária para a reflexão teológica. Pois a teologia enquanto ciência da fé não pode prescindir do sujeito que a pensa. E esse se encontra inevitavelmente inserido numa época histórica, num contexto sociocultural determinado, numa sociedade com sua linguagem disponível.[59]

---

[57] Ibid., p. 175.
[58] Ver SÉGUY, J. Théologie et sciences des religions: hier et aujourd'hui. *Arch. de Sc. Soc. des Rel.*, n. 118 (2002), p. 21-28; ver ainda *RSR* 88, n. 1 et n. 2 (2000), p. 1-321.
[59] Ver, por exemplo, AQUINO JUNIOR, F. O caráter social da teologia. *PT* 43 (2011) p. 333-352.

Quanto mais seus componentes são conhecidos, tanto mais se enriquece a opção de fé e a compreensão da própria revelação.[60] A história atesta a importante contribuição da filosofia para o cristianismo nascente. E constatamos hoje como as ciências humanas (sociologia, antropologia cultural, psicologia, filologia, história) têm sido importantes para a reflexão teológica. Observemos ainda que as ciências da religião interpelam a teologia ao confrontá-la com questões que agitam a sociedade ou com críticas à fé cristã, impedindo assim que a reflexão e a pesquisa teológica se limitem à formação, sobretudo, do clero, privando-as, deste modo, de sua pertinência social e pública.

Por outro lado, vivemos hoje numa sociedade pluralista e secularizada que tem dificuldade em aceitar uma mensagem confessional, que implica particularismo, e que acolheria melhor uma ciência da religião, que respeitaria melhor a laicidade da sociedade e a objetividade própria da ciência, embora, digamos de passagem, tanto uma como a outra estejam bastante desacreditadas em nossos dias, seja pela persistência do religioso na sociedade, seja pela diversidade de hermenêuticas e paradigmas presentes nas ciências. De qualquer modo há, sem dúvida, uma pressão cultural para substituir a teologia pelas ciências da religião, sobretudo no âmbito universitário, como constatamos em algumas universidades católicas.

Faz-se mister esclarecer melhor a questão. As ciências da religião não tratam do que se ocupa a teologia, a saber, de Deus. Elas apenas podem estudar os *sinais* da ação salvífica divina,

---

[60] Ver, entre outros, LEGRAND, H. Les théologies et leurs partenaires dans l'Église et la société. In: PESCH, O. H.; VAN CANGH, J.-M. (dir.). *Comment faire de la théologie aujourd'hui? Continuité et renouveau*. Paris, Cerf, 2003, p. 237-256.

manifestados nas pessoas e na história. Enquanto sinais, todo o seu sentido é serem ultrapassados em direção ao Transcendente que sinalizam.[61] Tais fenômenos podem naturalmente ser abordados a partir de outra ótica, que não a da fé, própria da teologia. O problema surge quando o cientista da religião, que metodologicamente pode prescindir da fé, ultrapassa seu âmbito epistemológico com afirmações sobre fenômenos religiosos, lidos numa perspectiva imanente, como produções meramente humanas.[62] Neste caso o cientista ultrapassa seu âmbito epistemológico e deforma o sentido da verdade revelada, por carecer da intencionalidade própria da fé, como constatamos em alguns cientistas em nossos dias.[63]

Na sociedade e na universidade, a teologia tem um papel indispensável e único, pois não se contenta apenas em estudar o fenômeno religioso, comparando-o com outros ou analisando-o sob diversos aspectos, mas afirma também a *fonte* da qual ele brotou. Ao reivindicar ser Deus o sentido último para a existência humana, não deixa de fora ou entre parênteses a *questão da verdade*.[64] Ao manter sua identidade sem sacrificá-la a leituras "de fora", a teologia surge no atual pluralismo cultural como uma instância que efetivamente responde às questões básicas do ser humano sobre a vida e a morte, a totalidade da realidade e

---

[61] Santo Tomás já observara: "Sacra Scriptura non proponit nobis divina sub figuris sensibilibus, ut intellectus noster ibi maneat, sed ut ab his ad invisibilia ascendat" (*In Boetium de Trinitate*, q. VI, a.2, ad 1).
[62] RIAUDEL, O. Sciences humaines, philosophie et théologie: des exigences communes? *RSR* 87 (2013) p. 463-474, aqui p. 473.
[63] Ver alguns exemplos em H. KÜNG, *O princípio de todas as coisas*. Petrópolis: Vozes, 2007.
[64] DALFERTH, I. U. Öffentlichkeit, Universität und Theologie. In: ARENS, E.; HOPING, H. *Wieviel Theologie verträgt die Öffentlichkeit?* Freiburg: Herder, p. 38-71, aqui p. 67-70.

a orientação correta da existência. A tais aspirações não satisfazem de modo algum as ciências da religião. Além disso, enquanto voltada para uma realidade transcendente, a teologia indica à razão seus limites e à sociedade, sua relatividade, por se tratarem de realidades penúltimas.[65]

---

[65] HOPING, H. Orientierungsaufgaben christlicher Theologie in der pluralen Öffentlichkeit. In: ARENS; HOPING, op. cit., p. 148-170, aqui p. 159-166.

Capítulo 3

Deus mistério de amor

A história da humanidade nos comprova que as culturas nela surgidas sempre estiveram intimamente tecidas e envolvidas com componentes de cunho religioso. Esta afirmação abrange não somente as culturas mais primitivas como também as culturas mais refinadas da Ásia e o próprio ocidente cristão. Desse modo, uma referência a uma entidade transcendente, que familiarmente denominamos "Deus", esteve sempre presente no cotidiano de nossos antepassados. Hoje presenciamos uma *ausência* de Deus em certas camadas sociais, facilmente constatável em alguns países da Europa ocidental, mas abrangendo também outras regiões do planeta em menor escala. O fenômeno foi estudado, entre outros, por Charles Taylor,[1] e por ele caracterizado como um humanismo fechado, imanente, horizontal. Sem pretendermos ser completos, podemos apontar algumas causas que o explicam, como o descrédito em relação a certas representações ingênuas e simplórias de Deus, enfraquecidas ou desautorizadas pelas conquistas das ciências modernas. Pois sempre nos referimos a Deus através de termos ou imagens que

---

[1] TAYLOR, C. *A Secular Age*. Cambridge: Belknap Press of Harvard University Press, 2007. [Trad. bras.: *Uma era secular*. São Leopoldo: Unisinos, 2010.]

são inevitavelmente históricos, condicionados e, portanto, passageiros. Quando se tornam arcaicas e de difícil acesso, acabam por silenciar Deus.

Além disso, fatores como a aceleração do tempo, a complexidade crescente da vida moderna, o bombardeio ininterrupto de informações, a hegemonia do fator econômico na atual sociedade, acabam por relegar ao silêncio uma referência a Deus tão explícita, consciente e atuante como se dava no passado. Temos hoje uma consciência mais lúcida e realista da própria *transcendência* de Deus, de que Deus é o totalmente Outro, de havermos cedido ingenuamente a antropomorfismos ao invocá-lo. Permanece, portanto, tarefa atual levar a sério as objeções provenientes, seja da filosofia, seja das ciências exatas, seja da própria sociedade como um todo, discernindo o que nelas se justifica, o que nelas carece de fundamento.

Observemos ainda que Deus, pelo fato de ser Deus, não pode ser concebido, contido, delimitado, representado ou objetivado por nossas categorias de pensamento, já que estas se ocupam sempre com a realidade de nosso mundo finito. Se ele é Deus, então é o Indizível, é o Mistério.[2] Entretanto, não se pode negar um excesso de racionalismo na tradição cristã, naturalmente com brilhantes exceções, que dava a impressão de conter Deus em formulações e doutrinas, imagens e comportamentos, que acabaram por enfraquecer a dimensão mistérica da vida e do culto cristão. Apesar da importante observação de Santo Tomás de Aquino, ao afirmar que o ato de fé não se dirige ao enunciado, mas sim à realidade nele expressa, a preocupação maior das autoridades

---

[2] ESTRADA, J. A. *Qué decimos cuando hablamos de Dios?* Madrid: Trotta, 2015, p. 87.

eclesiásticas foi com a ortodoxia das expressões e menos com a ortopraxia dos comportamentos. Este fato vai igualmente fortalecer uma valoração excessiva do componente institucional, eclesial, doutrinário ou jurídico no próprio cristianismo, enfim, do que é *mediação*, em detrimento de sua realidade central de cunho transcendente, místico, existencial, só alcançada no compromisso da liberdade, no risco da fé. Onde tal não se dá, podemos ter um cristianismo reduzido à aceitação de certas verdades de fé e à prática de certos ritos, sem comprometer a pessoa com um autêntico seguimento de Cristo. Consequentemente, numa pastoral de cunho positivista, organizacional ou administrativa, a ação do Espírito Santo nos fiéis não recebe o destaque que mereceria.

Por outro lado, o espantoso desenvolvimento das ciências modernas, que configura e constitui hoje o horizonte cultural do nosso cotidiano, nos leva a acreditar que tudo pode ser explicado e que os poucos "buracos negros" da realidade logo deixarão de sê-lo no futuro, devido ao aperfeiçoamento contínuo dos métodos e dos recursos científicos. Portanto, para tudo existe uma explicação racional. A manifestação de sua evidência é só questão de tempo. O que não consegue ser racionalmente esclarecido é relegado ao mundo imaginoso das crenças, das fantasias e dos sonhos. Consequentemente, nenhuma incidência séria e justificada possui na própria realidade. Daí que, para muitos de nossos contemporâneos, Deus seja só um vocábulo que sobrevive apenas na mente dos que nele acreditam. Terá ainda algum sentido se falar de mistério em nossos dias? Este é o desafio que devemos enfrentar.

Inicialmente veremos como o mistério como tal está muito mais presente em nossas vidas do que poderíamos supor à primeira vista. Em seguida, esta afirmação se comprovará pelo déficit racional presente não só no nosso dia a dia mas também na reflexão filosófica e nas próprias ciências ditas exatas. Então, será abordada a temática de Deus como mistério e como tal fato deve transparecer em qualquer discurso sobre o mesmo. Terminaremos abordando como se abre um *acesso a Deus* naqueles que vivem seriamente sua fé.

1. O mistério na vida humana

Sem dúvida alguma o ser humano, dotado de inteligência desde seus primeiros anos de vida, se pergunta pelo *porquê* da realidade que experimenta, a fim de desvendar suas leis e poder com ela lidar para seu proveito. Entretanto, ele não consegue plenamente seu objetivo, pois uma certeza baseada em conhecimentos racionais bem provados está frequentemente ausente em muitos setores de sua vida. Assim, nas relações com outras pessoas, cujas identidades apenas nos são apenas parcialmente acessíveis, suprimos a falta de evidência pela confiança que nelas depositamos.

Já no ambiente familiar, desde crianças, aprendemos a confiar nos adultos, fato que se repete na escola, na universidade, enfim, em todas as modalidades de relações sociais, sejam de cunho comercial, profissional, cultural ou comunicacional. Não podemos esclarecer racional e criticamente dados vindos de outros e que constituem nosso dia a dia. Portanto, esta confiança, ou melhor, esta fé é companheira inseparável e grande educadora do ser humano.[3] Sendo assim, muitas vezes os outros são um mistério para

---

[3]   FRANCA, L. *A psicologia da fé*. Rio de Janeiro: Loyola/PUC, 2001, p. 24s.

nós, sendo que também nós nos surpreendemos conosco mesmos em algumas ocasiões. E como dependemos uns dos outros, estamos continuamente fazendo atos de fé baseados no bom senso, embora desprovidos de uma fundamentação racional.

Sabemos também que o ideal do iluminismo foi desterrar as trevas dos mitos e das crenças, pretendendo assim submeter toda realidade à luz crítica da razão. Porém, este sonho não durou muito tempo. O conhecimento puramente objetivo e a realidade desvelada em toda a sua verdade jamais serão alcançados, porque todo ato de conhecer já se encontra inevitavelmente no interior de um horizonte de compreensão, de uma linguagem, de uma abordagem particular, concreta, própria. E a realidade só se manifesta em resposta a esta pergunta situada numa determinada perspectiva de leitura. Sua resposta se dará sempre em correspondência com a pergunta que lhe é dirigida; iluminará sempre apenas *parcialmente* uma faceta da realidade mais ampla, desde que abordada a partir de outras chaves de leitura. Queiramos ou não, nosso conhecimento é histórico, jamais definitivo, sujeito a ulteriores desenvolvimentos, pois sempre conhecemos no interior de uma etapa histórica.

2. O mistério na filosofia

A única ciência que indaga pela totalidade da realidade, na qual impera a Razão e não apenas racionalidades de cunho físico, químico, biológico, psicológico, sociológico, literário ou artístico, é a filosofia, quando indaga pelo sentido último do mundo, da história, da vida, do mal, do sofrimento, enfim, da *totalidade do real*. E mesmo essa ciência, que não deve ser reduzida a preocupações de cunho epistemológico como presenciamos hoje, não consegue justificar racionalmente seus *primeiros princípios*. Além disso, enquanto inserido na história, também o filósofo se encontra inevitavelmente condicionado pelo seu contexto sociocultural, com suas indagações momentâneas, suas linguagens disponíveis, seus limites e ênfases próprias. E nem precisamos mencionar o que recebe das tradições religiosas, particularmente do cristianismo, como aconteceu com as noções de liberdade, pessoa ou sentido da história.

Assim, a verdade puramente objetiva é inalcançável, pois o componente subjetivo está presente em todo conhecimento humano. Este fato não impede de chegarmos à verdade, embora nossas leituras se revelem sempre parciais e sujeitas a compreensões mais amplas e perfeitas. Assim, a verdade se mostra como um *evento* no qual sujeito e realidade se encontram intimamente entrelaçados, e só nesta conjunção ela é tal. Ela é uma realidade aberta, pois seus modos de existir correspondem aos modos de acesso a ela. Podemos mesmo constatar uma notável semelhança com a verdade bíblica, expressa na noção de fidelidade, a qual requer o desenrolar da história para se comprovar como verdade.[4]

A filosofia nos apresenta o ser humano como um ser não só aberto a toda a realidade a ser conhecida e desejada, mas ainda como um ser ultrapassando e transcendendo às conquistas de sua inteligência e de sua liberdade. Nesse sentido, é um ser aberto ao infinito, um ser voltado para um Outro que não se deixa

---

[4] FRANÇA MIRANDA, M. Verdade cristã e pluralismo religioso. In: *A Igreja numa sociedade fragmentada*. São Paulo: Loyola, 2006, p. 297-314.

conhecer e dispor, um ser em contínuo autoquestionamento em vista de uma totalidade inalcançável. Tanto aquele que tem fé como aquele que não a tem se encontram diante do mistério deste Transcendente. Nesse momento entra a liberdade, que leva um a acolher este Mistério e outro a negá-lo, ou ainda a abster-se de um juízo (agnosticismo). Aqui aparece o limite da reflexão do filósofo, ao fazer a experiência da contingência, de si próprio e do mundo, e indagar necessariamente pela razão e pelo fundamento último de tudo o que existe. Por que existe o que existe? Aqui se encontra o homem diante do Mistério, já que querer fazer de Deus o início de uma série de causas que explicariam o universo significaria cair na tentação da ontoteologia, ao inserir o Transcendente na realidade de nosso mundo, negando, portanto, sua transcendência.

3. O mistério nas ciências modernas

Nos últimos séculos vivemos um incrível desenvolvimento das ciências exatas e igualmente das ciências humanas. As novas tecnologias e a descoberta de aparelhos muito sofisticados possibilitaram e continuam possibilitando abordagens até então inéditas da natureza e do próprio ser humano. Tudo encontra uma explicação científica e em sua ausência elaboram-se teorias a serem futuramente comprovadas. Sem dúvida alguma vivemos hoje no interior de um imaginário técnico-científico que influi decisivamente em nosso modo de olhar e entender a realidade, ou mesmo de vivermos nossas relações sociais. As conquistas das ciências se sucedem em incrível velocidade, com resultados patentes no campo da medicina, do maior domínio dos fenômenos naturais, do crescente bem-estar graças a um melhor conhecimento das leis da natureza ou do psiquismo humano. À primeira vista o objetivo do iluminismo parece estar se tornando realidade em nossos dias, iluminando e esclarecendo os últimos rincões desconhecidos da realidade.

Entretanto, mesmo reconhecendo tudo o que devemos às ciências modernas por sua importante contribuição ao bem da humanidade, devemos igualmente apontar seus limites e mostrar que a presença do mistério não é por elas excluída. Se definirmos racionalidade como estilo diferente do uso da Razão, determinado por seu objeto e por seu método de explicação, podemos então distinguir várias racionalidades: a físico-matemática, a tecnológica, a econômica, a política, a histórica, a sociológica, a psicológica, a ambiental, para citar algumas. Em nossos dias predomina a racionalidade lógico-matemática, com forte influência nas demais, as quais procuram se aproximar deste ideal científico em busca de consistência e de credibilidade.[5] Naturalmente, tudo o que se situa fora deste foco é considerado como ilusão, como irrealidade, como projeção da mente humana. Realidade é o que pode ser observado, experimentado, medido.

E aqui já parece uma dificuldade fundamental a este modo de ver, pois a realidade nunca pode ser considerada como puramente objetiva, já que, como vimos, o que a conhece e reconhece como realidade já se encontra inevitavelmente implicado no que julga ser "realidade". Pois o que julga ser *a realidade* manifesta apenas um setor da mesma realidade atingida pela racionalidade

---

[5] Muito bem esclarecido por LIMA VAZ, H. C. de. Ética e razão moderna. In: MARCÍLIO, M. L.; RAMOS, E. L. (coord.). *Ética na virada do século*. São Paulo: LTr, 1997, p. 53-81.

própria da física, por exemplo; portanto, parcial e proibida de emitir juízos sobre outras facetas da realidade que não consegue atingir. De fato, o cientista "constrói" seu objeto, o objeto técnico, o qual passa a ser considerado como realmente "objetivo" para muitos de nossos contemporâneos. O erro consiste em ignorar que as afirmações da física apenas se referem ao espaço físico, às leis naturais formuladas em linguagem matemática. Portanto, o que consideramos como realidade a partir de nossa abordagem científica não pode ser identificada com a realidade sem mais. Assim como a realidade para a biologia se limita ao que tem vida ou a realidade para a economia, o que tem valor de troca e de mercado. Conforme o tipo de rede que utilizo, vou pescar determinados peixes e não outros.

Além disso, devemos reconhecer que conhecemos sempre inseridos num determinado tempo, no interior de um quadro de leitura ou horizonte de compreensão. Não sabemos como se comportará esta nossa chave de leitura no futuro, pois a história nos comprova que a natureza nos surpreende ao apresentar setores rebeldes ao nosso quadro teórico. Assim, a teoria atômica pressupunha a matéria sempre a mesma e composta de partículas chamadas de átomos por resistirem a divisões posteriores. Hoje esta concepção que atribuía às partículas elementares o que experimentávamos em nosso cotidiano, imaginando o átomo como um grão de areia minúsculo, já não mais se sustenta. Não mais podemos pensar a evolução do universo a partir de uma explosão inicial que liberou as partículas que, através de processos complexos, se uniram formando sistemas e conjunto de sistemas até chegar às altamente diferenciadas estruturas organizadas do ser vivo e do homem. Fica por explicar como se chegou neste processo ao que chamamos vida e consciência. A realidade demonstra uma potencialidade que surpreende e que não é mera possibilidade, pois nossas teorias são sempre condicionadas, limitadas, históricas, correspondendo ao que são seus autores. O futuro é essencialmente *aberto*. O mistério está presente também na ciência.

A história da física nos comprova que não conseguimos conhecer literalmente a realidade, e sim abordá-la através de tentativas simbólicas e seletivas de reproduzir as estruturas do mundo, responsáveis por determinados fenômenos particulares.[6] A observação vai sempre associada à interpretação e ao experimento. Sabemos toda a revolução que significou para a teoria atômica a teoria da relatividade de Einstein e, mais ainda, a teoria quântica, na qual a unidade mínima de energia consegue abranger tanto as propriedades de partícula quanto as de onda, unindo harmoniosamente as teorias corpuscular e ondulatória. Mas ela trouxe novos desafios, pois obedece à lei da relação de incerteza ou de indeterminação, formulada por Heisenberg, que permite apenas uma probabilidade estatística de um futuro indeterminado e sujeito ao acaso. Mesmo Hawking reconheceu que sua "grande teoria unificada", que pretendia conhecer a mente de Deus, deixava sem resposta a pergunta por que existe mesmo um universo, a saber, quem criaria para ela um universo capaz de ser por ela descrito. Anos mais tarde, Hawking desistiu de procurar uma grande teoria unificada para conhecer o mundo por dentro e poder controlá-lo. O mistério permanece.

---

[6] KÜNG, H. *O princípio de todas as coisas*: ciências naturais e religião. Petrópolis: Vozes, 2007, p. 13-67.

Observemos ainda que nossa experiência da realidade é bem mais rica do que nos manifesta o conhecimento científico. Pensemos numa experiência estética que nos impacta, que não é irracional, que oferece sentido. Mesmo que a ciência musical explique como ela foi construída, essa mesma ciência não consegue justificar o fascínio que ela exerce naqueles que a ouvem. Como já foi dito: o todo é mais do que a soma de suas partes. É a prodigiosa realidade manifestando-se a um olhar não científico, cuja beleza não pode ser matematicamente enquadrada e percebida. Igualmente poderíamos acrescentar outras experiências que nos atingem e, portanto, são reais, e procuramos expressá-las com palavras como amor, fidelidade, confiança, aconchego, esperança, beleza.[7]

4. O mistério de Deus

O mistério de Deus aparece já no próprio termo "Deus". Pois é uma palavra que recebemos da tradição, como as demais palavras, mas que não indica como as outras um objeto determinado distinto dos outros. Um vocábulo sem conteúdo explícito e, contudo, muito frequente em nosso cotidiano. Indica, portanto, o Sem nome, o Inefável, o Silencioso. Está nos lábios de todos, até do ateu. Por que será que não conseguimos lhe fornecer um conteúdo preciso e determinado, tal como acontece com os demais vocábulos? A resposta é que este termo se refere à totalidade da realidade, ao fundamento de tudo o que existe. Ele

---

[7] DÜRR, H.-P. Naturwissenschaftliche Erkenntnis und Wirklichkeitserfahrung. In: FAULHABER; STILLFRIED (Hrsg.). *Wenn Gott verloren geht*. Freiburg: Herder, 1998, p. 10.

aponta de onde viemos e para onde caminhamos, nossa origem e nossa finalidade.

Mesmo em sua mudez, este termo liberta o ser humano de sua visão limitada da realidade envolvente, abrindo seus olhos para uma realidade maior, fazendo-o tomar consciência de que é um ser que questiona e não se contenta com o já habitual e conhecido, mas lança-o para a totalidade do que existe, de onde pode provir o novo, o surpreendente, o desafiante. Uma palavrinha que nos torna conscientes do que somos como seres que não só estão no mundo, mas que se perguntam pelo sentido de aí estarmos: de onde viemos e para onde vamos. Assim nos desperta para um futuro desconhecido, impede que nos instalemos no já conhecido e explicado, que julguemos já dominar o mundo.[8] Enfim, nos diz que somos seres intrinsecamente voltados para o mistério. Caso esta palavra desaparecesse, teríamos que inventar outra que designasse a totalidade do real, que nos abrisse, como seres dotados de inteligência e de liberdade, para além do "já visto", pois a palavra "Deus" não é bem criação nossa, mas é ela que nos cria enquanto faz de nós o que realmente somos.[9]

Contudo, por expressar uma realidade que não pertence ao nosso mundo e que, portanto, não pode ser contida, definida, limitada a um conceito, a palavra Deus remete ao que nos transcende, ao que se situa para além das nossas possibilidades de conhecimento. Seria então Deus o "totalmente Outro", que excluiria *a priori* qualquer vislumbre sobre sua realidade, como afirmam alguns? Esta afirmação radical se revela falsa ao pressupor

---

[8] LEHMANN, K. Gott – das bleibende Geheimnis. In: AUSTIN, G.; KRÄMER, K. (Hg.). *Gott denken und bezeugen*. Freiburg: Herder, 2008, p. 130s.
[9] RAHNER, K. *Curso fundamental da fé*. São Paulo: Paulinas, 1989, p. 68.

que a realidade divina escape *totalmente* a qualquer abordagem cognoscitiva, mesmo mantendo que ela supera sempre a inteligência humana voltada para objetos finitos.[10] Caso contrário, tanto o cristão como o ateu estariam afirmando o mesmo: o primeiro que o universo é um mistério, e o segundo que este mistério é Deus, do qual nada sabemos.[11] E com isso estaria impossibilitado qualquer discurso sobre Deus.

Devemos reconhecer, isto sim, a incompreensível "superioridade" de Deus, que excede todos os nossos conceitos, pois, ao falar de Deus, já apontamos para o que excede nossa consciência, mas que também fundamenta, envolve, sustenta o nosso existir como condição de qualquer conhecimento finito.[12] Este último, por sua vez, pressupõe sempre a ideia do Infinito, já que todo conhecimento finito acontece através de uma negação: ao dizer "é isto", estou negando que "isto" seja os demais "aquilos". De fato, o dinamismo que transcende os objetos finitos presentes na inteligência e na liberdade é um dado antropológico inegável, embora sujeito a diversas interpretações. A opção de fé permite denominar este horizonte infinito: Deus.

Consequentemente, a *linguagem* sobre Deus não poderá ser como nossa linguagem cotidiana, utilizada para denominar a realidade deste mundo, pois, como Transcendente, Deus impede uma linguagem que abarca seu objeto. Isto porque o infinito pode ser *vislumbrado*, mas não abarcado por nosso conhecimento, que não consegue tematizar exaustivamente a realidade divina. Daí

---

[10] KREINER, A. *Das wahre Antlitz Gottes oder was wir meinen, wenn wir Gott sagen.* Freiburg: Herder, 2006, p. 127.
[11] Ibid., p. 73.
[12] PANNENBERG, W. *Teologia Sistemática I.* São Paulo: Paulus/Academia Cristã, 2009, p. 455.

toda linguagem sobre Deus, por ser humana (e não existe outra possibilidade), ser uma linguagem imperfeita que mais *aponta* corretamente para o Transcendente ao qual se dirige do que propriamente o descreve. Ao afirmar algo de Deus, temos que imediatamente negar que seja no sentido usual do termo, limitado ao nosso mundo, e em seguida afirmar que excede infinitamente nossa afirmação.

Analogias, imagens e mitos estão sempre sujeitos a erros, a correções e a serem ultrapassados, como nos adverte a teologia negativa. De Deus podemos afirmar com mais verdade o que ele não é do que propriamente o que ele é, como já nos advertia Tomás de Aquino.[13] E como toda expressão referente a Deus está necessariamente situada num contexto histórico, não nos deve admirar que a tradição cristã não constitua um bloco estático a ser repetido, mas uma grandeza viva, sujeita a desenvolvimentos e enriquecimentos, como nos ensinou o Concílio Vaticano II.[14] Fundamentalismos e tradicionalismos não são compatíveis com a fé cristã.

A Bíblia nos demonstra que o mistério de Deus não é desvendado pela revelação de Deus, mas na verdade *confirmado*. Sua presença acontece através de *sinais*, como a sarça ardente (Ex 3,2), a coluna de nuvem (Ex 13,21), o trovão e o raio (Ex 19,9.16). Daí a proibição de imagens e do uso do nome de Deus. Deus se manifesta em sua *ação salvífica* em prol do seu povo. Mesmo com a vinda de Jesus que nos revela o Pai (Jo 14,9), Deus não se submete à lógica humana (Mt 20,1-16), e se revela, contrariando

---

[13] TOMÁS DE AQUINO. *De Potentia*, q. VII, a. 2, ad 1ᵐ: "De Deo quid non sit cognoscimus; quid vero sit, penitus manet ignotum".
[14] JOÃO PAULO II. *Dominum et Vivificantem*, n. 8.

expectativas meramente humanas, na fraqueza, no escândalo e na loucura da cruz aos que têm fé (1Cor 1,18-31), sendo que seus pensamentos são insondáveis (Rm 11,33). Mais do que como incompreensibilidade, termo mais racional da teologia tradicional, a noção de *escondimento*[15] de Deus retrata melhor Aquele que vem ao encontro dos seres humanos como mistério de sua liberdade, de seu amor. Portanto, a revelação é o desvelar-se do mistério de Deus como mistério.

Acolher esta revelação pode parecer à primeira vista um gesto infundado, arriscado e pouco razoável. Mas vejamos como algumas breves considerações podem desfazer esta impressão inicial. Todos nos experimentamos como seres contingentes; existimos, mas sem conseguir, contudo, oferecer a razão suficiente de nossa existência. Portanto, ela nos foi *doada* por um Outro que chamamos Deus, a saber, aquele sem o qual nada existe. Nesse sentido, nossa vida e toda a realidade não passam de um *dom* desse mistério que chamamos Deus. Desse modo, afirmamos o primado da liberdade em relação às leis naturais do cosmo, pois, afinal, Aquele que quer e que sustenta o mundo é liberdade e amor. Portanto, este nosso mundo terá sempre um componente de incompreensibilidade e de imprevisibilidade, jamais redutível a uma lógica matemática.[16] Só podemos realmente falar de revelação porque ela parte de uma liberdade, manifestando, como tal, o novo, o não dedutível, o libertador, o surpreendente.[17]

---

[15] RAHNER, K. Über die Verborgenheit Gottes. *Schriften zur Theologie XII*. Einsiedeln: Benziger, 1975, p. 285-305.
[16] RATZINGER, J. *Introdução ao Cristianismo*. São Paulo: Loyola, 2005, p. 118s.
[17] LEHMANN, art. cit., p. 135.

Por outro lado, o ser humano, enquanto dotado de liberdade, compreende que pode dar orientações distintas a sua vida, que lhe compete escrever sua autobiografia ao longo de sua existência. Para tal, não pode permanecer confinado a um setor da realidade, mas deve perguntar pelo *sentido último* de toda a realidade e, consequentemente, de sua existência. Deus, portanto, é o mistério que abarca a totalidade do real, e a busca pelo sentido último é, afinal, a busca por Deus. Porém, este sentido último, por ser tal, não pode ser do nosso mundo, cujos sentidos são sempre limitados e penúltimos. Logo devemos buscá-lo no que transcende nossa realidade; logo, no Mistério que nos envolve.

5. A fé no mistério de Deus

Nesta etapa de nossa reflexão vamos assumir uma perspectiva de leitura de cunho mais *teológico*, sem esquecermos os componentes antropológicos nela sempre presentes e requeridos. Para nós, cristãos, o sentido último de nossa vida está na pessoa de Jesus Cristo, como nossa verdade e nossa matriz. Ele "ilumina todo homem que vem ao mundo" (Jo 1,9). Ele veio esclarecer o mistério do ser humano ao manifestar-lhe plenamente o que é ser homem e lhe descobrir sua altíssima vocação.[18] Também ele viveu em sua humanidade todo voltado para o mistério de Deus, a quem chamava de Pai, reflexo em sua consciência humana da relação eterna do Filho com o Pai na Santíssima Trindade. Toda sua vida foi de obediência ao Pai, toda a sua existência foi "ser filho"; e nós, como cristãos, temos a mesma vocação: "ser filhos de

---
[18] *Gaudium et Spes* 22.

Deus" (Rm 8,9).[19] Portanto, nossa fé em Deus é uma fé plasmada na fé de Cristo (Hb 12,2),[20] uma fé crística.

Se toda a criação tem seu fundamento em Jesus Cristo (1Cor 8,6; Cl 1,15-18a; Jo 1,1-3), então o ser humano é alguém estruturalmente voltado para o Deus de Jesus Cristo, a quem invoca como Pai, sem descerrar o mistério de Deus. Acolher em sua vida este dinamismo dirigido a Deus, voltado para o Transcendente como mistério último, ultrapassa a capacidade do ser humano. Já presente na vida histórica de Jesus a iluminar seus passos, fortalecer suas decisões (Lc 4,18; At 10,38) e possibilitar suas ações (Mc 5,30; Lc 11,20; Mt 12,28), o *Espírito Santo* acompanhou-o em sua paixão e morte de cruz (Hb 9,14) e ressuscitou--o dos mortos (Rm 1,1-4; 1Tm 3,16; 1Pd 3,18). Este Espírito, o Cristo Ressuscitado nos envia (Jo 16,7), nos concede (Jo 20,22) e derrama sobre nós (At 2,23). Nossa fé em Cristo (1Cor 12,3), que nos leva à fé no Pai, no mistério de Deus, é obra do Espírito. *Só Deus pode nos fazer acolher Deus.*

Através do dom da pessoa de Cristo e do dom do Espírito Santo, o Deus mistério aparece como um Deus que se doa, como um Deus que é amor (1Jo 4,8). Consequentemente, um Deus que quer nossa realização, nossa felicidade, e que já nos criou com esta *sede* por realização total, por sentido último, por felicidade eterna. A fé é nossa resposta à atração de Deus, possibilitada pelo próprio Deus. Ela nos permite chegar a Deus em si e não *como causa* de tudo, através de uma argumentação racional que,

---

[19] PANNENBERG, W. *Teologia Sistemática II.* São Paulo: Paulus/Academia Cristã, 2009, p. 50-61.
[20] BALTHASAR, U. von. *La foi du Christ.* Paris: Aubier, 1968, p. 13-79; SOBRINO, J. *Cristologia a partir da América Latina.* Petrópolis: Vozes, 1983, p. 106-157.

entretanto, deixa o ser humano inquieto e insatisfeito. O *elã místico* que ele experimenta provém da atração de Deus que atinge o *coração* do homem, seu núcleo mais íntimo, no qual se encontram unidas todas as suas faculdades (inteligência, liberdade, afetividade, fantasia, memória), desencadeando um dinamismo não limitado apenas à inteligência, mas percebido e avaliado, talvez diversa e imperfeitamente, por cada um. Este dinamismo que leva à busca de Deus nunca se detém, pois a Deus se encontra buscando-o sempre,[21] já que dirigido ao Transcendente que sempre escapa do âmbito do criado, onde queremos encontrá-lo.

Se não o conhecemos como conhecemos a realidade finita, podemos ter, contudo, certa *consciência* de sua presença atuante, como afirmam alguns teólogos,[22] a qual leva à sua plenitude, por meio deste elã místico, a intencionalidade da inteligência em busca do conhecimento de Deus.[23] A fé vivida enquanto confiança, doação, entrega, enfim, *amor*, goza de uma luminosidade própria. O amor nos faz conhecer o que outros que dele carecem não percebem, já que orienta afetivamente o próprio dinamismo do conhecimento, oferecendo intuições que nascem da *experiência da fé vivida*, e não de raciocínios. Como afirma Urs von Balthasar: "A realidade íntima do amor não é conhecida senão pelo amor".[24]

Esta *dimensão mística* da fé cristã, talvez um tanto esquecida no passado, deveria ocupar um lugar mais destacado na pastoral da Igreja, através de uma iniciação cristã mistagógica, como

---

[21] DE LUBAC, H. *Sur les chemins de Dieu*. Paris: Montaigne, 1966, p. 195.
[22] RAHNER, K. *Curso fundamental da fé*, p. 157-165.
[23] DE LUBAC, op. cit., p. 175.
[24] BALTHASAR, U. von. *L'amour seul est digne de foi*. Paris: Montaigne, 1966, p. 93.
E exemplifica: assim como uma obra de arte só é devidamente reconhecida por alguém dotado de sensibilidade estética.

já pleiteava o Documento de Aparecida.[25] Naturalmente se trata da mística cristã, uma mística de olhos abertos,[26] que, enquanto fruto da caridade, não se fecha numa interioridade que desconhece os mais desvalidos à sua volta, mas que incita ao compromisso pelo irmão necessitado. Também na tarefa da evangelização, sem desmerecer os projetos e métodos pastorais, deveria ser mais enfatizado o *testemunho de fé* de muitos cristãos que comprovam *na vida* a ação salvífica de Deus e despertam em outros a mesma sede, como constatamos na irradiação apostólica que exerceu a pessoa de Santa Teresa de Calcutá.

6. A realização humana na entrega ao mistério de Deus

Se tivermos presente que no íntimo do ser humano suas faculdades se encontram numa *unidade* na qual se inter-relacionam, se interpenetram e se aperfeiçoam mutuamente, então a capitulação da razão diante do mistério de Deus não implica deficiência, mas sim sua realização suprema, ao se deixar subsumir pelo amor confiante que se entrega ao Mistério que é amor.[27] Podemos constatar esta verdade já no amor entre duas pessoas, que devem confiar e se entregar a alguém que nunca é totalmente conhecido, o que, portanto, pressupõe sempre um ato de confiança e de abandono; ato este que não prejudica quem ama verdadeiramente, mas que, pelo contrário, o faz experimentar

---

[25] FRANÇA MIRANDA, M. *Igreja e sociedade*. São Paulo: Paulinas, 2009, p. 92-95.
[26] METZ, J. B. *Mystik der offenen Augen*. Freiburg: Herder, 2011, p. 15-23.
[27] RAHNER, K. Die menschliche Sinnfrage vor dem absoluten Geheimnis Gottes. In: *Schriften zur Theologie XIII*. Einsiedeln: Benziger, 1978, p. 123s.

realização e felicidade. Assim, confiamos no amor primeiro de Deus e a ele, confiantes, nos entregamos.

Ao ser nossa razão assumida no amor, podemos então vislumbrar nossa felicidade última em Deus, não para submetê-lo a nossa limitada inteligência, mas na contemplação amorosa do mistério que é Deus.[28] Nossa razão voltada para o Infinito, para o Mistério, não pode se confinar ao conhecimento de realidades limitadas voltadas para o domínio da natureza e para a construção da ordem social. A questão sobre o sentido último da existência humana ficaria sem resposta.

Nesse sentido, podemos acolher as palavras de Joseph Ratzinger: "A verdadeira razão é o amor, e o amor verdadeiro é a razão. Em sua unidade são o verdadeiro fundamento e a meta de todo o real".[29] Podemos e devemos aplicar esta verdade também para Deus, pois o Deus dos cristãos não é uma autarquia absoluta e fechada em si, mas relação, poder criador, amor e entrega a outros seres. Em Deus, verdade e amor são uma só realidade, a tal ponto que podemos afirmar que "amar é divino".[30] Se, como cristãos, confessamos ser Jesus Cristo a "verdade" (Jo 14,6), a plenitude do amor e da verdade (Jo 1,14) que nos é oferecida (Jo 1,16), podemos constatar na vida de Jesus a realização plena desta verdade que é amor (Jo 13,1) e que identifica o discípulo de Cristo (Jo 13,35).[31]

---

[28] RAHNER, K. Über die Verborgenheit Gottes, p. 292s.
[29] RATZINGER, J. *Fé, verdade, tolerância*. São Paulo: Instituto Brasileiro de Filosofia e Ciência, 2007, p. 167.
[30] RATZINGER, J. *Introdução ao cristianismo*. São Paulo: Loyola, 2005, p. 111. Nesse sentido, a leitura ocidental intelectualista da fé cristã deveria sofrer uma correção que a tornasse mais próxima à revelação.
[31] MARION, J.-L. *Le croire pour le voir*. Paris: Parole et Silence, 2010, p. 26s.

Capítulo 4

Deus que sofre?

Introdução

Estamos acostumados a conceber Deus como um ser infinito, impassível, imutável, eterno, onipotente, transcendente, inacessível, características essas que mais provocam questões do que nos possibilitam um acesso a Deus. Se Deus é onipotente, por que permite o mal e o sofrimento no mundo? Por que não intervém para evitar cataclismos naturais ou acidentes graves que atingem os seres humanos? Se Deus é bom e todo poderoso, como explicar sua omissão nessas ocasiões? Além disso, essa noção de Deus transcendente e distante da história humana acaba por torná-lo ausente de nossa vida, apenas evocado como no deísmo, sem que percebamos sua atuação e sua presença.

O Deus da razão apenas reflete a consciência que tem o ser humano da própria contingência e limitação, levando-o a reconhecer num Absoluto e Infinito sua razão de existir. Trata-se de um Deus projetado a partir do próprio homem, que, afinal, muito pouco diz de Deus, embora, seja dito, desempenhe um importante papel, já que é o *pressuposto* fundamental para as representações de Deus apresentadas pelas religiões. Mesmo sem caracterizar adequadamente a noção de Deus, que se revela somente em sua ação na história, tal pressuposto indica a busca humana pela razão de ser da *totalidade* do que existe, o fundamento primordial de tudo. De fato, a filosofia não trata de Deus em si, mas da relação do mundo e do ser humano para com ele. Daí não poder se afirmar, sem mais, serem as representações religiosas de Deus meras projeções humanas. Em outras palavras, ela mostra que a questão de Deus se apresenta à experiência humana, validando e autorizando assim o discurso cristão sobre Deus.[1]

Sem dúvida a recepção no cristianismo nascente da noção filosófica de Deus, embora acolhida diversamente, não deixou de influenciar a representação do Deus bíblico, que se deformou e que deve ser corrigida. Consequentemente, a eternidade de Deus consiste mais em sua presença permanente no curso da história do que propriamente numa "ausência de tempo"; sua justiça indica mais sua fidelidade a suas promessas do que a noção grega de justiça distributiva; sua liberdade criadora implica mais do que uma ordem cósmica fundada no próprio Deus. Assim, os conceitos provindos da filosofia deveriam ser revistos, já que a última palavra sobre Deus provém do *próprio Deus* que se revela. Sua onipotência está subordinada ao Amor que é Deus, sua imutabilidade consiste em sua fidelidade a si e a seus fiéis, sua ausência total de qualquer necessidade como liberdade criadora capaz de começar algo novo, sua transcendência sobre o espaço como presença em todos que acolhem sua ação, sua sabedoria e

---

[1] RAHNER, K. *Grundkurs des Glaubens*. Freiburg: Herder, 1977, p. 54-61; PANNENBERG, W. *Systematische Theologie I*. Göttingen: Vandenhoeck, 1988, p. 119s.

bondade infinitas como características do agir divino, que levam os seres humanos à própria verdade e bondade.[2]

Por outro lado, o Deus apresentado pelo Antigo Testamento se caracteriza pelo seu agir em vista da formação de um povo, da assistência em suas necessidades, da correção em seus desvios, sempre salvaguardada sua transcendência e sua autonomia. Igualmente, a imagem de Deus Pai revelada na vida e nas palavras de Jesus Cristo nos manifesta um Deus que ama incondicionalmente o ser humano, cujo agir, portanto, visa à sua felicidade numa sociedade justa e fraterna, cujo mandamento supremo consiste no amor ao próximo, e cuja prática significa a aceitação básica da oferta de salvação feita à humanidade na pessoa de Jesus Cristo. Um Deus que cuida, protege, perdoa, alegra-se, sempre presente e atuante através de seu Espírito; um Deus que tem nos pobres e desfavorecidos pela vida suas criaturas prediletas.

O Deus da Bíblia não se mostra impassível e distante com relação aos sofrimentos de suas criaturas, inspirando homens e mulheres a lutarem pela paz e pela justiça, a transformarem a humanidade numa só família, a família de Deus. Em outras palavras, a causa de Deus defendida e promovida por tais pessoas, cujo modelo foi o próprio Jesus Cristo, consiste na proclamação e na realização do *Reino de Deus*, imperfeita e sempre em

---

[2] WERBICK, J. Art. "Gott". *LTHK3 IV*. Freiburg: Herder, 2006, p. 867. Ver ainda PANNENBERG, W. Die Aufnahme des philosophischen Gottesbegriffs als dogmatisches problem der frühchristlichen Theologie. In: ib. *Grundfragen Systematischer Theologie*. Göttingen: Vandenhoeck, 1967, p. 338-346. Entretanto, Pannenberg observa que a noção cristã da liberdade divina e a concepção filosófica de Deus como princípio do mundo permanecem lado a lado, exigindo uma elaboração mais adequada. Ver, op. cit., p. 343.

construção nesta vida, tendo enfim sua plenitude na vida eterna com Deus. Porém, permanece ainda uma *questão*: os sofrimentos humanos chegam a atingir o próprio Deus, a tal ponto que possamos afirmar que por causa deles Deus também sofre?

No passado tal pergunta seria considerada absurda, confrontada com a concepção vigente da transcendência divina, fortalecida pela convicção de que qualquer mudança implica sempre imperfeição, a saber, passa-se a ter o que antes não se tinha. Mas Deus possui em si a plenitude da realidade, não tem por que sofrer mudança alguma. E menos ainda se tal mudança venha a ser provocada por uma causa externa a sua pessoa. Nesse sentido, o sofrimento só pôde atingir a humanidade de Cristo, tal como se deu em sua paixão e morte de cruz. Consequentemente, a divindade permanece inatingível e impassível nesta hora decisiva para Cristo e para toda a humanidade. Desse modo, nossa pergunta era respondida com uma *negação*.

Hoje, mais do que nunca na história da humanidade, temos um amplo conhecimento dos sofrimentos em todas as regiões do planeta: milhões de seres humanos passando fome, crianças subnutridas, idosos descartados pela sociedade, multidões de desempregados e imigrantes forçados a deixar seus países, vítimas de guerras desnecessárias, sem omitir os que sofrem pela insuficiência crônica dos serviços de saúde e de educação. O problema do mal sempre foi um desafio para a teodiceia, ainda em nossos dias em busca de uma resposta satisfatória. Se não conseguimos explicar sua existência, enquanto cristãos, somos esclarecidos e motivados pela pessoa de Jesus Cristo a *enfrentá-lo*. De fato, ser cristão significa estar comprometido com o projeto do Reino para a humanidade, ou, com outras palavras, é colaborar ativamente pela sua realização. Portanto, a chamada "salvação cristã" não mais pode ser concebida como uma projeção humana para uma felicidade na outra vida, dada a miséria dominante neste nosso mundo. Salvação já acontece *agora*, embora não em sua plenitude. Entretanto, o problema mencionado anteriormente permanece sem resposta, pois Deus atua na história por meio de mediações humanas, mas parece se manter intocado e imune às vicissitudes e desgraças desta mesma história. É possível argumentar e defender um sofrimento no próprio Deus que não desmentisse sua transcendência e sua divindade?

1. Decepção ou sofrimento?

A Bíblia nos apresenta Deus sempre envolvido num projeto de salvação da humanidade, tendo seu início neste mundo e alcançando sua plenitude na vida eterna com o próprio Deus. O pecado, enquanto contraria este projeto, rechaça não somente o projeto mas ainda o próprio Deus presente e atuante neste projeto, pelo envio de Jesus Cristo, seu Filho, como proclamador e realizador do mesmo, e do Espírito Santo como inspiração e força para levá-lo a cabo. Como o projeto pressupõe uma convivência humana baseada na fraternidade e na justiça, sua rejeição significa o fechamento do ser humano em seu *egoísmo* como valor principal de sua existência, subordinando os demais a seus desejos e cobiças. Daqui provém grande parte dos sofrimentos humanos, como podemos facilmente constatar.

É possível afirmar inicialmente que o pecado constitui uma *decepção* para Deus. Naturalmente ele queria uma resposta consciente e livre por parte do ser humano a seu desígnio salvífico, e assim sabia correr risco ao dotá-lo de liberdade. Entretanto, seu gesto de amor à humanidade deveria ser respondido com outro gesto de amor por parte da criatura, que implica naturalmente uma opção pessoal livre. Contudo, se considerarmos que o projeto de Deus implicou a *doação do próprio Deus* ao ser humano, uma vinda da Trindade a nossa história, então o termo "decepção" é insuficiente para indicar como Deus é afetado. Pois, ao se envolver na história humana, os eventos da mesma constituem também a *história de Deus*.

Assim, já não podemos falar da Trindade deixando de lado a história de Jesus e da ação do Espírito Santo na humanidade. Portanto, podemos inicialmente afirmar que o pecado e suas consequências, os sofrimentos humanos, sem dúvida, *afetam* a Deus. Para os antigos tal hipótese se revelava impossível, pois, em meio à instabilidade da vida com suas mudanças sucessivas, eles viam na divindade o fundamento imutável dos eventos efêmeros. Se não podia mudar, também não podia sofrer as consequências destes eventos.[3] Unida à característica de impassibilidade divina, estava a negação da mudança em Deus que, para a filosofia clássica, significava imperfeição com relação ao aperfeiçoamento trazido pela mesma.

O problema se torna mais complexo quando consideramos que o sofrimento não é querido por nós, vem de fora, é causado por outros sem que possamos evitá-lo. Esta afirmação se baseia não só em nossa condição de seres sociais, mas vale também para os sofrimentos decorrentes da nossa condição corpórea, pois a

---

[3] GRESHAKE, G. *Der Dreieine Gott. Eine trinitarische Theologie.* Freiburg: Herder, 2007, p. 341.

matéria envelhece, se desgasta, se corrompe, se transforma, perde seu viço e sua força no correr dos anos, sem falar em tudo de imperfeito que recebemos inevitavelmente em nosso DNA. Não podemos atribuir a Deus este tipo de sofrimento, pois, na impossibilidade de evitar sofrimentos que lhe são infligidos "de fora", Deus estaria sujeito a suas criaturas e não mais seria Deus.

2. Um sofrimento que brota do amor

Poderia Deus ser afetado por um sofrimento que não lhe fosse infligido, mas que brotasse de si próprio? Podemos responder afirmativamente esta questão. Vejamos. Logo de início, descartemos a ideia de que o sofrimento de Deus consiste na projeção do sofrimento humano em Deus, pois o "modo divino" de sofrer é diverso do nosso. O modo divino se caracteriza por brotar da própria *liberdade de Deus que ama*. Não como o sofrimento de sua criatura privada de sua integridade, mas enquanto brota de seu amor infinito na plenitude do seu ser. E quem ama se torna vulnerável ao sofrimento; quem não ama torna-se indiferente, apático, carente de sentimento e, propriamente, também não vive, pois vivemos porque amamos e na medida em que amamos.[4]

A revelação de Deus no Novo Testamento indica Deus como amor, não no sentido de uma definição teórica, mas como expressão de seu agir na história humana com seu ponto mais pleno e definitivo na pessoa de Jesus Cristo. Este é o sentido da afirmação de São João de que "Deus é amor" (1Jo 4,8 e 4,16), expressão que recolhe e sintetiza as experiências feitas ao longo

---

[4] MOLTMANN, J. *Der gekreuzigte Gott. Das Kreuz Christi als Grund und Kritik christlicher Theologie.* München: Kaiser, 1972, p. 240.

dos anos pelo Povo de Deus. Pois o que define o amor é querer que o amado exista, que ele viva, não por suas qualidades, que podem desaparecer ou fenecer, mas por ele mesmo. Assim, o ponto culminante do amor está em nossa criação: Deus nos quis e, portanto, nos criou.[5] As características que costumamos atribuir a Deus brotam do amor que é Deus e são concretizações do mesmo. Bondade, misericórdia, graça, justiça, fidelidade, sabedoria, paciência apenas descrevem o amor segundo diversos aspectos de sua ação.[6]

Encontra-se na própria Trindade o fundamento e o próprio pressuposto deste sofrer divino que brota do amor. Cada pessoa divina se entrega totalmente às demais, e esta entrega fundamenta sua realidade. Portanto, *o ser de Deus é amor* que capacita sua livre entrega sem reservas a suas criaturas. Este amor, que é Deus, ao ser recusado e rechaçado pelo mundo, torna-se um amor sofrido que tem na cruz de Cristo seu ponto máximo e sua revelação manifesta. Notemos que este amor sofrido tem sua origem na própria liberdade divina: mesmo na recusa, é Deus que livremente quer amar sua criatura.[7]

Sabemos que a rejeição ao amor de Deus atinge seu clímax na morte de Cristo na cruz. Sabemos também que a humanidade de Cristo sofreu em sua paixão e em sua morte. Porém, ainda fica por responder a questão: o que significa para Deus este sofrimento e esta morte? Pois limitar tal sofrimento à realidade humana do Filho de Deus, permanecendo Deus imutável e inatingível

---

[5] PIEPER, J. *Schriften zur Philosophischen Anthropologie und Ethik: das Menschenbild der Tugenlehre*. Hamburg: F. Meiner Verlag, 1996, p. 319-324.
[6] PANNENBERG, W. *Systematische Theologie I*, p. 466.
[7] GRESHAKE, op. cit., p. 347s.

por este drama sangrento, é afirmar uma meia verdade, uma vez que, se tudo isso aconteceu, foi porque Deus, em sua liberdade infinita, não só quis que seu Filho se encarnasse, assumindo a condição humana com os riscos a ela inerentes, mas também que seu Filho assumisse as consequências negativas desta encarnação pela recusa de seus contemporâneos, concretizada em sua paixão e morte de cruz. Já que Deus é amor e já que tal amor tem na cruz o momento mais evidente da recusa humana, então na cruz se revela também o próprio ser de Deus, um amor que sofre pela morte de seu Filho. Portanto, a morte de Jesus pertence à própria identidade de Deus.[8]

Podemos afirmar que, no suplício da cruz, sofre o Filho e sofre o Pai, mas *não do mesmo modo*: o Filho sofre e morre, o Pai sofre com ele, mas não experimenta a morte, embora não permaneça intocado pela morte do Filho, que tem no Espírito Santo a continuidade do amor padecente entre o Pai e o Filho: sofre o Filho que se experimenta abandonado pelo Pai (Mc 15,34) e sofre o Pai com o Filho ao se manter fiel a seu amor infinito pela humanidade. A morte de cruz é o epílogo da encarnação, como aparece no hino cristológico da Epístola aos Filipenses (Fl 2,6-11). Se Cristo é a imagem do Pai, então o Crucificado não é um ocultamento de Deus, mas sua *revelação plena*, a manifestação patente de um Amor infinito. Este é Deus, assim é Deus. Conhecer Deus na cruz de Cristo é um conhecimento crucificante, pois destrói nossas projeções, cálculos e seguranças, levando-nos a compartilhar o amor sofrido de Deus.

---

[8] RAHNER, K. Art. Jesus Christus. *Sacramentum Mundi II*. Freiburg: Herder, 1968, p. 951s.

Um Deus que pode sofrer não exclui, mas manifesta o amor onipotente de Deus, pois quem não pode sofrer também não pode amar. Pois amar é assumir o outro sem ter em conta a si próprio, amar é partilhar a condição do que sofre, amar é ser atingido por sua dor. O Deus de Aristóteles, soberano e impassível em sua transcendência e em sua perfeição, apático, permanece isolado como causa do mundo, fechado em si mesmo, inferior mesmo ao ser humano, que pode sofrer porque pode amar. Portanto, um Deus que excluísse qualquer modalidade de sofrimento estaria contrariando a revelação que afirma que Deus é amor (1Jo 4,8; 4,16).[9]

3. A fundamentação bíblica

Se fôssemos sintetizar em poucas palavras a temática que nos ocupa, poderíamos afirmar que se trata de uma *sensação* no interior da pessoa provocada pelo sofrimento alheio, que não se detém apenas no sentimento, mas incita à ação. O termo mais frequente na Sagrada Escritura para designar tal realidade é misericórdia ou compaixão (Sl 106,45), embora os termos hebraicos possam também ser traduzidos como ternura, piedade, clemência, bondade, amor. A revelação de Deus a Moisés no Sinai, como Deus de ternura e de piedade, lento para a cólera, rico em graça e em fidelidade (Ex 34,6), repercute repetidas vezes nos salmos: "Iahweh é compaixão e piedade, lento para a cólera e cheio de amor" (Sl 103,8), "Dai graças a Iahweh porque eterna é sua misericórdia" (Sl 107,1), sobretudo para com aqueles que se

---

[9] MOLTMANN, op. cit., p. 217.

encontram desamparados na sociedade, a saber, o órfão, a viúva, o pobre.

Mesmo diante do pecado de seu povo, Deus contém sua ira e concede o perdão, porque por ele "se comovem minhas entranhas" e por ele "transborda minha ternura" (Jr 31,20). Ou, nas fortes expressões do profeta Oseias: "Como poderia eu abandonar-te, ó Efraim, entregar-te, ó Israel? Meu coração se contorce dentro de mim, minhas entranhas comovem-se" (Os 11,8).

Jesus Cristo como revelação de Deus, última e definitiva, desvelará em suas palavras e em suas ações o *coração de Deus*, seu Pai. São bem conhecidas suas parábolas da misericórdia divina apresentadas pelo evangelista São Lucas. A busca pela moeda perdida (Lc 15,8) ou pela ovelha desgarrada (Lc 15,4) por parte de Deus manifesta sua preocupação interior, patente na compaixão que invade seu coração ao avistar seu filho (Lc 15,20). Mas não só com relação aos pecadores, e sim em favor dos mais sofridos deste mundo, como aparece nas bem-aventuranças (Mt 5,3-12; Lc 6,20-26) ou mesmo no discurso inicial na sinagoga de Nazaré, no qual são mencionados os pobres, os oprimidos, os cativos e os cegos (Lc 4,18s).

Também suas *ações*, voltadas para os mais sofridos, deixam emergir o quanto lhe afetava o espetáculo do sofrimento humano, presente nos cegos, nos mudos, nos paralíticos, nos endemoninhados, nos leprosos, nos pobres, levando-o a curá-los de seus males, como nos relatam os Evangelhos. Em alguns relatos esta comoção interior, provinda de seu amor aos homens e às mulheres em situações de angústia, de dor e de indigência, chega a se exprimir claramente no próprio texto evangélico. Assim, diante do sofrimento da viúva de Naim ao conduzir o cadáver de seu único filho para o sepulcro, consciente de se tornar indefesa e desamparada numa sociedade machista, diz o evangelista que "o Senhor foi tomado de compaixão por ela" (Lc 7,13). Também diante da multidão abandonada por seus pastores, diz o texto evangélico: "Vendo as multidões, tomou-se de compaixão por elas, porque estavam exaustas e prostradas como ovelhas sem pastor" (Mt 9,36). A mesma reação teve Jesus diante da multidão que o seguia: "Foi tomado de compaixão por eles e curou seus doentes" (Mt 14,14), ou ainda antes da multiplicação dos pães: "Tenho compaixão desta multidão, pois já faz três dias que permanecem comigo, e não têm o que comer" (Mt 15,32).

Estes dados apresentados nos Evangelhos ganham importância maior se considerarmos que não houve interesse especial da comunidade primitiva em nos comunicar aspectos mais íntimos e pessoais de Jesus Cristo, mas que estes poucos ficaram retidos na memória de seus contemporâneos pela impressão que provocaram. Assim, o amor de Jesus Cristo por seus semelhantes se mostrava autêntico e indubitável por atingi-lo em seu coração, comovendo-o e levando-o a reagir por suas ações caritativas relatadas nos Evangelhos. Portanto, não só nos falou de Deus como um Pai afetado pelo sofrimento e pela ingratidão humana, mas por eles foi igualmente atingido em sua humanidade, experiência pessoal que fundamentava tanto a sua pregação sobre Deus como a sua atividade pelo Reino de Deus.

Esta sensibilidade diante de alguém diminuído em sua dignidade humana pelo sofrimento, pela exclusão, pela humilhação, pela pobreza, pelo preconceito, pela violência, pela impotência não pode deixar o seguidor de Cristo impassível e indiferente.

Este deve assumir em sua vida o próprio comportamento de Deus: "Sede misericordiosos como o vosso Pai é misericordioso" (Lc 6,36), sendo mesmo uma condição para a própria salvação (Mt 5,7), verdade magistralmente sintetizada na parábola do bom samaritano (Lc 10,30-37).

Naturalmente esta verdade da fé cristã acompanha toda a história do cristianismo até nossos dias. Mencionemos apenas alguns textos do magistério mais recente. O ser humano, criado à semelhança de Deus Trindade, "não pode se encontrar plenamente se não pôr um dom sincero de si mesmo",[10] deve recusar uma ética individualista[11] e lutar por um mundo mais humano em obediência à ação do Espírito Santo.[12] Mas este objetivo só poderá ser alcançado "se introduzirmos no quadro multiforme das relações interpessoais e sociais, juntamente com a justiça, aquele 'amor misericordioso' que constitui a mensagem messiânica do Evangelho".[13] Assim podemos expressá-la: "O amor torna-se cuidado do outro e pelo outro".[14]

Nesse sentido, o Papa Francisco é bem claro e taxativo: "Jesus quer que toquemos a miséria humana, que toquemos a carne sofredora dos outros",[15] ou ainda: "Só pode ser missionário quem se sente bem procurando o bem do próximo, desejando a felicidade dos outros".[16] Cita também Santo Tomás de Aquino: "Em si mesma, a misericórdia é a maior de todas as virtudes:

---

[10] VATICANO II. *Gaudium et Spes*, n. 24.
[11] Ibid., n. 30.
[12] Ibid., n. 38.
[13] JOÃO PAULO II. *Dives in Misericordia*, n. 14.
[14] BENTO XVI. *Deus Caritas Est*, n. 6.
[15] PAPA FRANCISCO. *Evangelii Gaudium*, n. 270.
[16] Ibid., n. 172.

na realidade, compete-lhe debruçar-se sobre os outros e – o que mais conta – remediar as misérias alheias".[17] E ao proclamar o ano da misericórdia dirá que "a misericórdia de Deus é a sua responsabilidade por nós. Ele sente-se responsável, isto é, deseja o nosso bem e quer ver-nos felizes, cheios de alegria, serenos. E, em sintonia com isto, se deve orientar o amor misericordioso dos cristãos".[18]

4. Compaixão cristã e sociedade atual

A questão posta no início desta reflexão sobre o sofrimento em Deus não se limita a uma simples curiosidade de cunho teológico, mas tem enorme importância em nossos dias, pois vivemos numa cultura fortemente impregnada de um intenso individualismo, seja de cunho prático (bens materiais), seja de cunho afetivo (felicidade pessoal),[19] que torna nossos contemporâneos insensíveis aos sofrimentos e às angústias de seus próprios semelhantes. Tais sofrimentos, revelados em frios números, não nos atingem e já são aceitos por muitos como males sem solução. Impõe-se, desse modo, o que o Papa Francisco chama de "globalização da indiferença".[20] Além disso, todos os setores da vida moderna estão sob a hegemonia do *fator econômico*, marcado pela eficácia e pela produtividade. Portanto, vale o que produz lucro. Desse modo, os demais setores (ciência, cultura, arte, religião) não são reconhecidos e valorizados pelo que

---
[17] Ibid., n. 37.
[18] PAPA FRANCISCO. *Misericordiae Vultus*, n. 9.
[19] BELLAH, R. et al. *Habits of the Heart. Individualism and Commitment in American Life*. New York: University of California Press, 1985, p. 142-163.
[20] PAPA FRANCISCO. *Evangelii Gaudium*, n. 270.

apresentam, mas pelo seu valor de mercadoria: para que servem e qual o seu preço.

Esta lógica de cunho funcional acaba por atingir a própria pessoa humana, que se vê reduzida a simples peça deste sistema produtivo, tenso e agressivo, porque se deve vencer os concorrentes, frio porque se busca sem compaixão por resultados, causa de desigualdades sociais e violências, já que o ser humano não mais é considerado como o objetivo primeiro da organização social. Como já se expressou: "Há uma crise antropológica profunda: a negação da primazia do ser humano".[21] Podemos enumerar outras consequências nefastas da atual cultura, como a deterioração do hábitat humano, o exaurimento dos recursos naturais, um mal-estar coletivo traduzido nas depressões e suicídios, na divinização do mercado e na ausência de referências sólidas, gerando o relativismo dos valores.

Neste triste cenário, onde atualmente vivemos, ganha a compaixão de Deus e a consequente compaixão humana um *significado* todo especial. Não se trata apenas de um imperativo ético, provindo da mensagem cristã, que orientaria o agir dos seguidores do Mestre de Nazaré, pois estamos tocando em algo mais essencial, que diz respeito à própria condição de possibilidade de uma sociedade mais fraterna e justa, ou simplesmente de uma sociedade onde possa se viver em paz no respeito mútuo, na justiça efetiva e na convivência fraterna que todos desejamos. Em outras palavras: a mensagem cristã do Reino de Deus não se limita a outra vida em Deus, onde então seremos felizes sem os sofrimentos e as angústias desta vida, porque a compaixão de

---

[21] Ibid., n. 55.

Deus e dos cristãos acontece já no interior da história com consequências socioculturais bem concretas e altamente significativas para a felicidade humana.

O objetivo do cristianismo não se limita a uma espiritualidade desencarnada, alheia às vicissitudes deste mundo, na esperança de uma realização humana depois da morte, porquanto, para a fé cristã, é o ser humano que constitui o centro de toda a criação, é o ser humano que dá sentido a todas as conquistas da ciência e da técnica, da política e da economia. Enquanto tal, esta fé é profundamente *humanizante*. Como já afirmava o Concílio Vaticano II, a Igreja "restabelece e eleva a dignidade da pessoa humana, fortalece a coesão da sociedade humana e [...] acredita poder ajudar a tornar mais humana a família dos homens e sua história".[22]

Na mesma linha, o Papa Francisco afirma: "Na medida em que ele (Deus) conseguir reinar entre nós, a vida social será um espaço de fraternidade, de justiça, de paz, de dignidade para todos. Por isso, tanto o anúncio como a experiência cristã tendem a provocar consequências sociais", pois "somos depositários de um bem que humaniza".[23] Levando-se em conta as imagens de um Deus misericordioso e que somos seguidores de Jesus Cristo, revelação e realização em nossa história da misericórdia divina,[24] a matriz de todo o gênero humano, já que "manifesta o homem ao próprio homem e lhe descobre a sua altíssima vocação"[25] e que sua existência humanizou a vida de seus contemporâneos,

---

[22] VATICANO II. *Gaudium et Spes*, n. 40.
[23] PAPA FRANCISCO. *Evangelii Gaudium*, nn. 180.264.
[24] CASTILLO, J. M. *La humanización de Dios*. Madrid: Trotta, 2009, p. 199.
[25] VATICANO II. *Gaudium et Spes*, n. 22.

insistindo no cuidado com o outro e vivendo um amor efetivo, então podemos concluir que a compaixão de Deus e a consequente compaixão humana significam, sem mais, o advento de uma sociedade onde se possa viver no amor, na justiça, na felicidade. Como já foi afirmado: "Quando trabalhamos pela humanização do homem, trabalhamos pela salvação da humanidade".[26]

O desafio atual se concentra no valor e na dignidade da pessoa humana. Todo esforço de reflexão e de ação por parte da humanidade deve visar a este objetivo. Também o cristianismo, ao proclamar e realizar o projeto de Deus para a humanidade, o cuidado e o sofrimento de Deus atuante e visível na história através dos cristãos, denuncia e combate tudo o que desumaniza o ser humano, oferecendo ao mundo atual a possibilidade de uma convivência humana na paz e na justiça, embora sua plenitude feliz só se realize em Deus.

---

[26] MOINGT, J. *Faire bouger l'Église catholique*. Paris: Desclée de Brouwer, 2012, p. 131.

Capítulo 5

Deus na universidade

Introdução

Naturalmente podemos sem muito esforço apontar para algumas modalidades da presença de Deus no *campus* universitário, como na fé de professores e alunos, nas ocasionais celebrações religiosas, no trabalho de atendimento e esclarecimento por parte de responsáveis religiosos e, nas universidades confessionais, nas atividades de cunho pastoral e mesmo nas aulas de cultura religiosa. Entretanto, tais modalidades, em si corretas e oportunas, não atingem o *nível científico* da Academia, imprescindível numa universidade. Refiro-me ao que deve caracterizar qualquer ciência que mereça este nome: rigor na metodologia, espírito crítico, abertura para o autoquestionamento, diálogo com as demais ciências, investigação e pesquisa contínuas, publicações especializadas ou dirigidas a um público maior. Poderá estar Deus presente também neste âmbito acadêmico?

Nossa resposta é positiva, se temos presente que a *teologia* é exatamente, como seu nome indica, a ciência sobre Deus, com sua metodologia, normatividade e linguagem próprias, que lhe garantem um lugar no mundo do saber científico, que, afinal, é o que constitui uma universidade. Aliás, a presença da teologia no âmbito universitário foi, no passado, um dado cultural aceito pela sociedade e só se transformou em problema devido às transformações socioculturais, sucessivas e aceleradas, que hoje experimentamos. De fato, o fim da *cristandade* como visão do mundo homogênea e hegemônica libera o surgimento de concepções, mentalidades e práticas das mais diversas que constituem o que hoje denominamos uma sociedade pluralista. Nela, a pluralidade de discursos em sua diversidade acaba por produzir choques, contradições e enfraquecimentos mútuos. A sociedade se torna tolerante e inclusiva, mas simultaneamente crítica com relação às tradições herdadas do passado, sobretudo àquelas que reivindicavam a *verdade* do ser humano e da sociedade, como a fé cristã.

E aqui nos deparamos já com um *problema*. Pois a diversidade de disciplinas, humanas, sociais ou físico-matemáticas, no interior da universidade, aceita tão somente a presença da religião, ou mais concretamente do cristianismo, no espaço da academia, desde que este esteja submetido aos quadros da ciência histórica, sociológica ou mesmo da antropologia cultural, constituindo o que conhecemos como "ciências da religião". Entretanto, a teologia não pode prescindir de sua referência a Deus, de sua fonte na revelação, de sua fé no Absoluto Transcendente, caso não queira perder seu sentido e sua razão de ser. Consequentemente se verá questionada sobre sua fundamentação epistemológica, a qual deverá se incumbir, diante da razão humana, de livrá-la da acusação de discurso meramente subjetivo, enquanto fruto da fé pessoal. Aqui já desponta um dos temas desta nossa reflexão, a saber, justificar a teologia como ciência e, portanto, sua legitimidade nos quadros de uma universidade.

Entretanto, a questão é ainda mais complexa, pois a universidade se encontra no interior da sociedade, como a teologia está situada na Igreja, na comunidade dos fiéis. Ambos os contextos, *social e eclesial*, interpelam inevitavelmente a universidade e a teologia, por lhes apresentar suas preocupações, seus problemas, suas interpretações da realidade, seus juízos de valor. Interpelações contínuas que interferem no conteúdo das disciplinas universitárias voltadas para o bem comum da sociedade. Igualmente elas desafiam a própria teologia voltada para as necessidades pastorais da Igreja enquanto instituição salvífica a serviço da sociedade. E como todas estas instituições, sociedade, Igreja e universidade, sempre se encontram em contínua interação e mútua influência, que as limitam a um imaginário social comum e à mesma linguagem disponível, o labor teológico na universidade se revela ainda mais complexo.

Em nossa reflexão teremos diante dos olhos a instituição "universidade" *sem adjetivá-la* como instituição confessional ou laica. Reconhecemos sem mais os princípios e normas que identificam uma Universidade Católica, mas nesta nossa reflexão eles não serão o foco principal. Pois vivemos numa sociedade pluralista e tolerante, na qual a inevitável diversidade de seus membros está também presente e atuante em âmbito universitário, seja ele confessional ou não, tanto por parte dos alunos quanto por parte dos professores. Sendo assim, os desafios lançados à teologia se assemelham muito em ambas as instituições, embora com intensidades e perspectivas diversas.

Pretendemos também, e isto seja dito já no início, não nos limitar a um enfoque meramente apologético, embora não o omitamos, devido a atual polêmica, restrita a alguns países, que questiona a presença da teologia nas universidades estatais. A temática, como julgamos, ultrapassa uma postura apenas defensiva, já que a universidade, positivamente, confere à teologia uma qualificação científica que, talvez, não possa ser facilmente alcançada fora dela. Pois é exatamente o *desafio* de outras interpretações da realidade que promove a reflexão teológica e enriquece a fé da Igreja.

O texto está dividido em três partes. Primeiramente vamos *justificar* a presença da teologia na universidade como ciência, a saber, dotada de uma reflexão metódica e crítica a partir de um horizonte de compreensão, exatamente como as demais ciências. Numa segunda parte, mais ampla, veremos o *contexto vital* do labor teológico, a saber, a sociedade, a Igreja, e a universidade, não como contextos separados e isolados, mas como campos que interagem de tal modo que as questões de um constituem também os problemas dos demais. Assim, a teologia terá necessariamente que lidar com todos eles. Numa parte final examinaremos a *missão da teologia* diante da sociedade, da Igreja e da universidade, embora seja mais enfatizada sua função no interior do campus universitário.

1. A teologia como ciência entre as diversas ciências presentes na universidade

Embora a *noção de ciência* tenha apresentado concepções várias ao longo da história, vamos partir de uma compreensão simples e básica desta forma de conhecimento. A ciência vem a ser a reflexão metódica e crítica sobre um objeto de estudo. Desse modo, emerge como agente primeiro a razão humana que se diversificará nas diversas ciências, produzindo racionalidades múltiplas,[1] provenientes de seus diferentes objetos, de seus métodos de abordá-los e de suas específicas reflexões críticas a partir dos pressupostos que as fundamentam.

Aqui já aparece a primeira *dificuldade* feita à teologia em sua pretensão científica, pois ela se fundamenta na fé em Deus que se revela, sendo que Deus não pode ser considerado um *objeto*, entre outros, do conhecimento humano. Nesse sentido, a teologia estaria numa situação de inferioridade diante das demais ciências, pois aqui entraria um componente "subjetivo" que confia num fundamento inacessível à razão, a saber, na autoridade de Deus que se revela. Subjacente a esta dificuldade se encontra a falsa concepção de que as demais ciências se apresentariam sem pressupostos.[2] Pois as diversas ciências se apoiam em primeiros princípios que não conseguem ser demonstrados pela inteligência humana, sejam eles próprios da filosofia (Aristóteles), da matemática (K. Gödel), da física (Heisenberg), enfim das ciências exatas em geral (Popper), só para citar alguns exemplos.[3] Mas nossa afirmação atinge não só as ciências da natureza, mas também as ciências sociais e históricas, como aparecerá na sequência desta reflexão.

E a razão é simples: a participação do *sujeito* é requerida em todas elas, pois a mera enumeração ou sequência de fatos,

---

[1] Para a noção de "racionalidade" aqui empregada, ver FRANÇA MIRANDA, M. *Igreja e sociedade*. São Paulo: Paulinas, 2009, p. 44-52.
[2] WOHLMUTH, J. Katholische Theologie im Haus der Wissenschaften heute. In: KRIEGER, G. (Hg.). *Zur Zukunft der Theologie in Kirche, Universität und Gesellschaft*. Freiburg: Herder, 2017, p. 137s.
[3] BAUBERGER, S. Wahrheit ohne Objektivität: Was kennzeichnet religiöse Wahrheit? In: HERZGSELL, J.; PERCIC, J. (Hg.). *Religion und Rationalität*. Freiburg: Herder, 2011, p. 95-115; KÜNG, H. *O princípio de todas as coisas*: ciências naturais e religião. Petrópolis: Vozes, 2007, p. 13-67.

de ocorrências, ou de fenômenos não constitui a ciência. Só quando considerados à luz de uma *teoria* mais abrangente, produto da mente humana, desvendam, enfim, suas conexões, causalidades, condições. Pois compreender é interpretar a realidade a partir de determinado horizonte de compreensão ou de um juízo prévio.[4] Consequentemente, o *objeto* das ciências é constituído pelo sujeito que o conhece e elabora, ao *determinar* qual aspecto da realidade será considerado. Desse modo, o que o senso comum denomina *realidade* sem mais aparece como grandeza complexa, contendo em si uma rica e inevitável pluralidade que se desvenda conforme a ótica de leitura apresentada. A perspectiva hermenêutica da teologia parte do dado revelado e constitui apenas mais uma modalidade de acesso à realidade.[5]

Observemos ainda que o labor científico não pode prescindir do *solo histórico* no qual se realiza. Em outras palavras, o contexto sociocultural, o imaginário dominante, as expectativas provenientes da sociedade, os interesses latentes ou manifestos, todos esses fatores possibilitam, condicionam, orientam a reflexão científica enquanto produção humana, sem que os possamos rastrear e avaliar criticamente. A tradição histórica, portanto, embora em graus diversos, tanto exerce influência na teologia quanto nas demais ciências. A teologia se funda no testemunho de fé fornecido pelos primeiros cristãos (fé apostólica) e transmitido ao longo da história até nossos dias, constituindo assim o que conhecemos como o cristianismo. É no interior deste

---

[4] GADAMER, H.-G. *Wahrheit und Methode3*. Tübingen: Mohr, 1972, p. 261.
[5] WEHRLE, P. Theologie – eine Investition der Kirche in die gesellschaftliche Zukunft. In: KRIEGER, op. cit., p. 32.

horizonte cristão que ela busca uma melhor compreensão da fé (*intellectus fidei*).

A teologia é a reflexão metódica e crítica sobre Deus enquanto se revela na história da salvação, a saber, Deus voltado para nós (*quoad nos*) e não Deus em si (*quoad se*), que ultrapassa qualquer ulterior compreensão.[6] Em si Deus é mistério para nós, e dele sabemos mais *o que não é*, como já observara Tomás de Aquino. Mas sua ação salvífica na história humana, cujo ápice se deu na encarnação do Filho eterno e na efusão do Espírito Santo, permite um discurso sobre Deus que não pode se restringir apenas a um *discurso*, pois se trata de uma revelação só devidamente compreendida no interior de um *desígnio salvífico* que a qualifica e justifica. Em outras palavras, a revelação cristã é salvífica, pois interpela o ser humano e dele espera uma resposta; só então na livre opção de fé alcança *sua verdade* e sua plenitude. Como ciência da fé, a teologia não cria racionalmente o seu objeto, que lhe é *doado*, e ela apenas buscará melhor compreendê-lo e expressá-lo.

Esta conclusão de que não existe revelação sem a fé que a acolhe como tal, distingue, à primeira vista, a teologia das demais ciências e certamente significa um fator que dificulta sua aceitação por parte dos que não creem, embora nenhuma delas prescinda do "fator subjetivo", como acenamos anteriormente, sem falar que nenhuma delas consegue justificar satisfatoriamente seus fundamentos. Por conseguinte, a fé implica um horizonte de compreensão específico e, nesse sentido, ela se situa ao mesmo nível das demais ciências, que não existem a não ser no

---

[6] Ver, como boa síntese de uma rica bibliografia, LEHMANN, K. Gott – das bleibende Geheimnis. In: AUSTIN, G.; KRÄMER, K. (Hg.). *Gott denken und bezeugen*. Freiburg: Herder, 2008, p. 129-146.

interior da *chave interpretativa própria* de cada uma delas. Desse modo, a objeção feita no início perde sua consistência. À teologia não pode ser negada sua cidadania no âmbito das ciências.

2. A teologia situada na sociedade, na Igreja e na universidade

Para entendermos o impacto que recebe a teologia por parte da universidade temos que remontar à relação mais anterior da sociedade com a fé cristã. Ao confessar um Deus criador de toda a realidade, a fé cristã abarca em sua compreensão universal *toda e qualquer realidade*. Em outras palavras, natureza e história, produções culturais ou sociais, nada pode ficar fora do horizonte cristão, sob pena de enfraquecer sua credibilidade. Além disso, a noção de *Reino de Deus* como realidade em construção ao longo da história e como meta final da própria história exige que os fatos históricos de cunho cultural ou social sejam confrontados e interpretados nesta sua perspectiva. Daí deverem ser devidamente conhecidos e avaliados, o que exigirá da fé não só entender sua linguagem, mas, de certo modo, nela se expressar, se quiser se fazer entender e ser acolhida na sociedade, naturalmente sem pretender traduzir racionalmente num contexto secularizado[7] as verdades cristãs que apenas balbuciam o mistério de Deus.

Aqui desponta um sério desafio para a *Igreja*, agravado em nossos dias por uma sociedade pluralista na qual a diversidade

---

[7] Como queria HABERMAS, J. *Zwischen Naturalismus und Religion. Philosophische Aufsätze*. Frankfurt am Main: Suhrkamp, 2009, p. 136-141.

cultural não pretende desaparecer em favor da homogeneidade tradicional do passado. Pois a *linguagem disponível* para a Igreja levar adiante sua missão evangelizadora é exatamente a linguagem da sociedade do respectivo momento histórico. Quando falamos em linguagem queremos abarcar nesta noção toda a riqueza das conquistas culturais, sociais e científicas e, igualmente, os novos desafios nelas presentes e atuantes. Já neste âmbito da relação Igreja-Mundo se faz necessária a reflexão teológica para uma ação pastoral da Igreja que seja adequada, compreensível e fecunda.

Constatamos que sua ausência acarreta o descompasso de uma pregação numa linguagem tradicional que *não chega* realmente aos ouvintes por não ser entendida. Este fato foi observado não só no âmbito litúrgico, mas também no amplo campo da pastoral. Pois o cristão sempre professa sua fé no interior de um "imaginário" que lhe é familiar, mas que pode se ver ultrapassado e desacreditado pelo emergir de novos horizontes culturais ou de novas questões científicas. Para que a verdade da fé possa ser devidamente captada,[8] deve se expressar correta mas *diversamente*, tarefa essa confiada à teologia.

Portanto, as transformações ocorridas ao longo da história no seio das sociedades humanas representam já um desafio à fé cristã e consequentemente à própria teologia, a qual deve repensar o dado revelado no contexto sociocultural do momento. Desse modo, a teologia, por utilizar a linguagem de uma época e por se defrontar com novas linguagens no curso da história,

---

[8] PAPA FRANCISCO. *Evangelii Gaudium*, n. 41: "Somos fiéis a uma formulação, mas não transmitimos a substância".

é uma ciência que se encontra sempre em *transformação contínua*,[9] embora conservando as conquistas do passado enquanto expressões corretas da fé professada numa determinada época. Nesta tarefa ela está continuamente assistida pela ação do Espírito Santo, como afirma o Concílio Vaticano II.[10]

Consideremos também que as questões presentes na sociedade vão ser objeto de estudo por parte das diversas disciplinas presentes na universidade. Vão receber um tratamento metódico e crítico, uma fundamentação racional, uma sistematização que abarque a pluralidade dos dados, no respeito à identidade de cada uma, sejam elas ciências humanas, sociais, biológicas ou exatas (físico-matemáticas). Naturalmente cada uma delas será caracterizada pelo seu *objeto*, desenvolvendo metodologia própria, buscando explicações específicas, sempre no interior de um horizonte próprio de compreensão ou de uma perspectiva de leitura. Desse modo abordam a realidade, desvendam-na sob sua ótica de leitura, expressam suas conquistas numa linguagem própria, alcançam elaborações sofisticadas, embora frequentemente ignorem outros setores do saber situados fora de seu foco epistemológico.

Já este fato constitui um sério desafio para toda e qualquer disciplina ensinada na universidade, que se vê defrontada com outras áreas do conhecimento dotadas igualmente de metodologias, linguagens e objetivos próprios. Como sabemos, o *diálogo interdisciplinar* é hoje um imperativo reconhecido por todos, mas de difícil execução. Entretanto, no interior da

---

[9] RAHNER, K. Zur Geschichtlichkeit der Theologie. *Schriften zur Theologie VIII*. Einsiedeln: Benziger, 1967, p. 88-110.
[10] VATICANO II. *Dei Verbum*, n. 8.

universidade, a *teologia* se vê mais provocada que as demais ciências por este desafio. Pois, de um lado, sua ótica de leitura tem origem na fé em Deus revelado em Jesus Cristo, mas, de outro, seu âmbito de conhecimento é *universal*, como vimos anteriormente: Deus é o Deus de *todo* o mundo criado e Jesus Cristo é o salvador de *toda* a humanidade. Consequentemente, qualquer conclusão própria de cada ciência deve também ser considerada à luz da fé cristã, confrontada com a verdade revelada, muitas vezes exigindo o sacrifício do imaginário tradicional que expressava tal verdade, como já aconteceu no passado. Sabemos que um *imaginário arcaico*, presente na mente de alguns cientistas, os leva à perda da fé ou a uma atitude crítica e destrutiva da fé cristã.

Diante da variedade plural das disciplinas ensinadas na universidade já aparece *a enorme, complexa e difícil tarefa* confiada aos teólogos que labutam na universidade, pois deveriam conhecer duas linguagens diferentes, dotadas de horizontes de compreensão diferentes, de pressupostos diversos, de metodologias específicas, para conseguir que a fé cristã, ou mesmo a reflexão teológica, tenha pertinência, inteligibilidade, interesse mesmo, por parte dos profissionais das demais ciências. Felizmente podemos aludir a pensadores cristãos que souberam dialogar com Charles Darwin, com Freud e Jung, com Max Weber e Karl Marx, com Einstein e Heisenberg, com Jean Piaget e John Dewey, com Kant, Hegel e Gadamer. Igualmente, os novos desafios provindos dos modernos meios de comunicação social, da linguagem cibernética, da neurociência, da destruição dos recursos naturais do planeta, das crescentes desigualdades sociais, do aumento de violência, do sistema neoliberal da economia, da justa emancipação feminina, já provocam reflexões e mesmo reações críticas à luz da mensagem cristã.

Poderíamos, contudo, arriscar um passo a mais. Vejamos. Sabemos que a revelação de Deus só chega à sua realização quando acolhida na fé pelo ser humano. Porém, "ser humano em geral" não existe, pois todo ser humano se encontra sempre num tempo histórico, numa região geográfica e numa cultura determinada. E é exatamente *neste contexto singular* que ele acolhe, expressa e vive a interpelação salvífica de Deus.[11] Sabemos também o que significou o esforço para inculturar a fé, antes expressa em linguagem semita, em outros conceitos provindos da filosofia grega. E estamos cientes ainda do enorme trabalho de inculturação da fé desenvolvido atualmente em países africanos e asiáticos. Sem dúvida estamos hoje mais conscientes da importância do *fator antropológico* no acolhimento, na explicitação e na prática da fé cristã.[12]

Entretanto, a teologia no interior do *campus* universitário não está apenas sujeita a um desafio, mas também estimulada a um enriquecimento, pois, no interior da universidade se encontram pessoas formadas em horizontes culturais próprios das diversas ciências que teriam maior possibilidade, sensibilidade e facilidade para perceber certas riquezas da revelação, talvez ainda ignoradas ou não devidamente valorizadas, por disporem de uma chave de leitura *própria* que poderia desvelar verdades escondidas e oferecer *insights* inéditos da fé cristã. Por exemplo,

---

[11] FRANÇA MIRANDA, M. *Inculturação da fé*: uma abordagem teológica. São Paulo: Loyola, 2001, p. 41-85.
[12] FRANÇA MIRANDA, M. *A Igreja numa sociedade fragmentada*. São Paulo: Loyola, 2006, p. 125-128.

anos atrás ninguém falava de Jesus libertador ou da ecologia como questão ética, como o fazemos hoje. Pela mesma razão se justifica a pluralidade de teologias no interior da universidade, respaldada pela mesma pluralidade atestada na história da Igreja. A história da teologia cristã confirma o que afirmamos sobre a importância do substrato antropológico na vivência da fé cristã, seja em suas expressões, seja em suas práticas. Sempre conhecemos interpretando a realidade, e a sucessão de paradigmas hermenêuticos, provocada por fatores endógenos ou exógenos, exigirá uma *nova interpretação da verdade* no horizonte vigente como condição para conservar sua pertinência semântica.

Poderíamos *enumerar* alguns dados a título de exemplos sem a menor pretensão de ser completos ou de avaliar a importância de cada um. O advento das ciências modernas mudou a concepção espacial cristã sobre o céu, a terra e o inferno; o relato da criação de Adão e Eva no paraíso terrestre teve que ser revisitado diante das descobertas paleontológicas; consequentemente, também a noção tradicional do pecado original teve de ser repensada, como de fato aconteceu; a hipótese evolucionista obrigou a teologia a superar representações ontológicas estáticas; a sociologia da religião muito ajudou na compreensão do cristianismo primitivo; noções como o dogma da infalibilidade pontifícia surgem em outra luz pela exposição crítica do respectivo contexto histórico; a forte emergência da psicologia, em qualquer de suas modalidades, apontará os condicionamentos que influenciam a liberdade, com consequências sérias para o juízo moral; a crítica heideggeriana da ontoteologia acentuará mais a transcendência divina; os jogos de linguagem de Wittgenstein desafiam diálogos interculturais e inter-religiosos; o substrato social que condiciona a formação de uma comunidade humana terá consequências na eclesiologia. São estes alguns exemplos de desafios que, no final, enriqueceram a própria compreensão da fé cristã, sendo que muitos deles ocorreram no palco da universidade. Em nossos dias, a neurociência e a cultura cibernética constituem não somente um desafio, pois também podem contribuir para a própria reflexão teológica. Assim, podemos reafirmar que a presença da teologia na universidade não só constitui um desafio mas certamente um *enriquecimento* para a própria compreensão da fé e, afinal, para a própria Igreja em sua ação evangelizadora.

E ainda um último ponto. Vivemos hoje sujeitos a mudanças sucessivas, tensos pelo excesso de informações, deficientes em concentração, inseguros pela complexidade e envergadura dos problemas atuais, fatores esses que explicam a fuga de muitos para o *fundamentalismo* e a nostalgia de outros pelo *passado*. A ausência de reflexão e de senso crítico acarreta o surgimento de uma geração superficial, que não se limita à sociedade, mas atinge também os seminários e a formação do clero. Certamente o ensino teológico na universidade, devido às exigências acadêmicas, poderá ajudar sobremaneira a preparar futuros pastores que possam enfrentar sem medo os desafios atuais.

3. A teologia em face da sociedade, da Igreja e da universidade

Trata-se aqui de explicitar a *missão* do trabalho teológico diante dessas três instituições. Como já dissemos anteriormente, não podemos abstrair da sociedade e da Igreja ao falarmos do papel da teologia no interior da universidade, já que essas instituições estão intimamente inter-relacionadas e interagem continuamente, não podendo delas prescindir o teólogo em seu labor reflexivo e crítico. Entretanto, o foco principal desta reflexão vem a ser a universidade, sempre situada numa sociedade concreta, na qual também a Igreja desempenha seu papel social de cunho pastoral. Essa Igreja constitui mesmo o contexto social em cujo interior o teólogo entende e expressa sua fé, pois se esta última é teologal em si mesma, ela é eclesial em sua modalidade.[13]

Com isto aparece já a *primeira incumbência* da teologia: estar a serviço da comunidade dos fiéis. Estes, enquanto são Igreja, se encontram desafiados por questões postas à fé cristã e à instituição eclesial pela sociedade moderna, pluralista, secularizada, sujeita a uma racionalidade instrumental de ganhos e resultados. Naturalmente tais desafios são concretamente experimentados e sofridos no cotidiano dos fiéis, mesmo que não consigam entendê-los e refutá-los devidamente. Mas devemos igualmente reconhecer que a universidade, enquanto instituição inserida na sociedade, também será atingida por tais desafios provindos da sociedade, os quais devem ser acolhidos, estudados, entendidos e criticados à luz da razão científica. Portanto, os desafios enfrentados pela Igreja na sociedade estão *presentes* na própria universidade, onde constituem temas da reflexão crítica, desvelam sua complexidade, suas raízes, sua história, suas verdades e suas falsidades, por serem objetos de pesquisa na própria universidade. Desse modo, a teologia exercida e ensinada no interior da universidade presta um serviço inestimável à comunidade dos

---

[13] LUBAC, H. *La foi chrétienne*. Paris: Aubier, 1970, p. 201-234.

fiéis, ao enfrentar as questões presentes na sociedade e na cultura em nível científico, a saber, de modo abrangente, reflexivo e crítico.[14]

Por outro lado, a reflexão teológica, enquanto responde aos critérios epistemológicos próprios do ensino superior, terá inevitavelmente um *olhar crítico* com relação a compreensões e manifestações religiosas incorretas, mescladas com elementos supersticiosos, mágicos ou devocionais que denotam leituras deformantes ou mesmo falsas da fé cristã. Compete à teologia corrigir tais concepções, embora fique a cargo das autoridades responsáveis sua aplicação no âmbito da pastoral. Não há dúvida de que concepções infantis ou fantasiosas estão presentes no imaginário religioso de muitos dos nossos contemporâneos,[15] constituindo mesmo um sério obstáculo para a aceitação da mensagem cristã. Pois a evolução que experimentaram em suas vidas, provocada pelas experiências da vida e pelos novos conhecimentos, não foi acompanhada por semelhante amadurecimento com relação ao patrimônio religioso recebido na infância e na juventude. Daí a reação crítica e negativa por parte de uma classe mais instruída da sociedade, algumas vezes confirmada e agravada pela formação teológica insuficiente do próprio clero.

Embora brevemente, abordamos o papel da teologia na sociedade e na Igreja. Vejamos agora sua missão no *interior da universidade*. Podemos já antecipar nossa reflexão neste particular ao

---

[14] DULLES, A. University Theology in Service of the Church. In: id. *The Craft of Theology*. Dublin: Gill and Macmilian, 1992, p. 149-164.
[15] Para um estudo mais profundo e crítico desta realidade, ver DUQUE, J. M. *Para o diálogo com a pós-modernidade*. São Paulo: Paulus, 2016, p. 123-156.

afirmar que, paradoxalmente, a dificuldade maior que pode ser feita à teologia é exatamente o que irá definir seu papel diante das demais ciências. Qual é a objeção sempre recorrente à legitimidade da teologia na universidade? A resposta é: porque seu objeto é Deus, inacessível ao ser humano, o totalmente Outro, o Transcendente. E como poderíamos explicar então sua presença constante, qualquer que seja sua modalidade, na história da humanidade? A resposta é simples: o ser humano experimenta sua contingência, não consegue explicar por que existe e, menos ainda, a existência da *totalidade* da realidade. Se toda a realidade é contingente, então por que existe o que existe?[16] Esta experiência básica do ser humano remete-o a uma realidade transcendente como razão suficiente da totalidade existente. Não se trata de uma prova da existência de Deus, nem de uma ontoteologia, mas simplesmente de saber estar *remetido* (com toda a realidade) a uma Alteridade transcendente. O discurso sobre Deus parte sempre da realidade humana: em toda teologia se encontra sempre uma antropologia.

Enquanto transcendente, Deus é um mistério para o ser humano, cuja experiência lhe aparece como uma *interpelação* indeterminada sujeita a diversas interpretações. Neste ponto se encontram tanto o ateu, como o agnóstico, como o cristão. Pois todos estão inevitavelmente diante do *mistério da vida*, do seu sentido último, que denominamos Deus. A teologia, entretanto, vai mais além, acolhendo na fé este transcendente como Deus,

---

[16] Como afirma o próprio S. Hawking: "O método usual, segundo o qual a ciência constrói para si um modelo matemático, não pode responder à pergunta por que um universo descrito pelo modelo teria que existir". Ver KÜNG, op. cit., p. 34.

manifesto na pessoa de Jesus Cristo. Trata-se de uma *opção livre*, de um ato de confiança possibilitado pelo próprio Deus e que, enfim, lhe oferece o sentido último de *toda* a realidade, como criação do próprio Deus e o sentido último de *todo* ser humano na pessoa de Jesus Cristo. A questão de Deus ganha hoje uma importância enorme em face de uma sociedade que não acredita mais no passado, que não consegue prever o futuro e que vive perplexa a complexidade do presente, ansiosa por uma referência realmente substantiva que a oriente.[17]

Consequentemente, a questão de Deus só surge quando se pergunta pelo *sentido da totalidade*, e esta característica é fundamental para a teologia.[18] Ela confessa Deus como *fundamento absoluto* de toda realidade, não como um componente no interior desta totalidade, mas como o que a constitui e mantem.[19] Qualquer compreensão do cristianismo que utilize outra chave interpretativa não poderá justificar a presença da teologia na universidade, pois ela estará submetida a um horizonte próprio de outra ciência já presente na mesma universidade, ainda que sejam leituras possíveis, ao considerá-lo uma realidade histórica ou cultural, ou ao apontar sua função na sociedade (Luhmann). Numa palavra, a teologia deve tratar de Deus[20] como sentido último de toda a realidade e confrontá-lo com as conquistas das

---

[17] BUCHER, R. Theologie zwischen den Fronten. Universität, Kirche und Gesellschaft. *Stimmen der Zeit* 135 (2010) p. 317s.
[18] HOPING, H. Orientierungsaufgaben christlicher Theologie in der pluralen Öffentlichkeit. In: ARENS, E.; HOPING, H. (Hg.). *Wieviel Theologie verträgt die Öffentlichkeit?* Freiburg: Herder, 2000, p. 152.
[19] RAWER, K.; RAHNER, K. Welt-Erde-Mensch. In: *Christlicher Glaube in moderner Gesellschaft 3*. Freiburg: Herder, 1981, p. 39.
[20] HEYER, R. Enseigner la théologie: avec quelle légitimité et pour quelle fécondité dans la société contemporaine. *Revue des Sciences Religieuses* 87 (2013) p. 480.

demais ciências.[21] Aqui se distingue claramente a teologia das ciências religiosas, mesmo reconhecendo a importância destas últimas para a vida da Igreja. Pois as ciências da religião se ocupam não com o Transcendente, mas com as consequências da ação do Transcendente no ser humano e na sociedade. E nem necessitam fazer emergir a questão da "reivindicação da verdade" por parte da religião estudada, componente essencial de qualquer religião.[22]

A filosofia, em seus primórdios, tratou de toda a realidade ou da unidade do cosmo. Hoje se encontra mais voltada para o sujeito que conhece e menos para a realidade conhecida.[23] Aqui podemos distinguir entre *Razão*, que busca o sentido da totalidade, e *racionalidades*, que se distinguem pelos seus respectivos objetos e correspondentes métodos de abordá-los. Tais racionalidades explicam a existência plural das diversas disciplinas no interior da universidade. Atualmente predomina a racionalidade físico-matemática como forma universal do que deve ser considerado como "científico". Ela "constrói" seu objeto, o objeto técnico, o qual passa a ser considerado como o que é realmente "objetivo", influenciando mesmo as demais racionalidades. Entretanto, não esqueçamos que a noção de ciência passou por uma evolução histórica e pode apresentar no futuro novas modalidades.[24] Observemos ainda que determinada

---

[21] STRIET, M. Theologie als dialogische Lebenswissenschaft. In: HOPING, H. (Hg.). *Universität ohne Gott? Theologie im Haus der Wissenschaften*. Freiburg: Herder, 2007, p. 117s.
[22] HOPING, H. Einführung. In: HOPING, op. cit., p. 9.
[23] PANNENBERG, W. *Theologie und Philosophie*. Göttingen: Vandenhoek, 1996, p. 15s.
[24] SCHAEFFLER, R. Wissenschaftstheorie und Theologie. In: *Christlicher Glaube in moderner Gesellschaft 20*. Freiburg: Herder, 1982, p. 20.

racionalidade *influencia inevitavelmente a pessoa* que a utiliza, constituindo assim um horizonte próprio que lhe capacita um olhar peculiar, uma explicação própria, um interesse prático, justificando compreensões e práticas. O que se situa fora deste horizonte não interessa ou é simplesmente considerado inexistente. Esta mentalidade está fortemente presente na atual cultura.[25] Este fato dificulta sobremaneira a missão da teologia na universidade.

Pois querer emitir um juízo sobre a totalidade do existente a partir de uma *racionalidade particular* acaba por deformar a própria realidade, por confiná-la num horizonte determinado, ou provoca juízos falsos sobre a mesma, como se deu com os mestres da suspeita e ainda hoje acontece por parte de muitos cientistas. Aqui aparece já ser *tarefa da teologia* na universidade questionar conclusões precipitadas ou mesmo infundadas por parte de outras disciplinas, que extrapolam indevidamente o âmbito de seu objeto de estudo para outros setores do conhecimento. Exemplificando: o problema da existência de Deus não pode ser tratado pela física por ultrapassar o âmbito do espaço-tempo físico. No âmbito das ciências sociopolíticas, a referência ao Transcendente impede qualquer organização social de se fechar em si mesma, julgando ter chegado a sua perfeição, sendo um antídoto necessário contra qualquer modalidade de totalitarismo. Pois a abertura a uma transcendência desestabiliza, faz avançar, sacode a passividade, leva a sociedade a buscar mais justiça e paz.[26] Mesmo reconhecendo a íntima união do

---

[25] HABERMAS, J. *Technik und Wissenschaft als "Ideologie"*. Frankfurt: Suhrkamp, 1968, p. 113.
[26] VALADIER, P. *Détresse du politique, force du religieux*. Paris: Seuil, 2007, p. 279-281.

espírito e da matéria no ser humano, a atual neurociência não convence quando extrapola seu âmbito epistemológico e faz afirmações que envolvem a razão, a afetividade ou a liberdade da pessoa humana.[27]

A importância da teologia na universidade é requerida de outro ponto de vista, pois a teologia cristã conserva e transmite todo um *patrimônio cultural e histórico* que oferece às ciências tanto as temáticas já refletidas e iluminadas pela fé quanto um capital simbólico necessário à razão, para não deixá-la prisioneira no campo fechado da imanência.[28] Boa parte deste material simbólico se encontra hoje numa linguagem secularizada, que aponta para verdades e valores de raiz cristã, os quais constituem a base comum para nossa convivência social.[29] Nesta base apenas descrições científicas de fenômenos com suas respectivas explicações não satisfazem,[30] pois as experiências humanas são mais ricas e diversificadas, já que transcendem as leituras de cunho científico como toda experiência estética e mística, ou ainda de amor, confiança, esperança.[31] Qualquer ser humano, além do "esprit de géometrie" de Descartes, também é dotado do "esprit de finesse" de Pascal, conhecimento intuitivo e integral que sente e pressente.[32]

---

[27] KÜNG, op. cit., p. 257: "As fascinantes imagens do cérebro nos dão, pois, informações unicamente sobre *onde* ocorre o pensar, o querer e o sentir, mas não, como já vimos, sobre *como* surge o pensar, o querer e o sentir".
[28] VALADIER, P. *Un philosophe peut-il croire?* Nantes: Cécile Défaut, 2005, p. 32.
[29] HABERMAS, J. *Glauben und Wissen*. Frankfurt am Main: Suhrkamp, 2001, p. 19.
[30] WITTGENSTEIN, L. *Tractatus logico-philosophicus* 6.52: "Sentimos que, mesmo tendo respondido a todas as questões científicas, não foram abordados os nossos problemas da vida".
[31] DÜRR, H.-P. Naturwissenschaftliche Erkenntnis und Wirklichkeitserfahrung. In: FAULHABER; STILLFRIED (Hg.). *Wenn Gott verloren geht*. Freiburg: Herder, 1998, p. 10.
[32] KÜNG, op. cit., p. 59. Ver PASCAL, B. *Pensées*, 423s.

Na vida humana, nem tudo pode passar pelo *crivo da razão*, pois algumas questões se impõem como questões rebeldes a um enfoque científico, sem deixar de ser questões reais e pertinentes. Assim, o sentido da *totalidade* da realidade e da história não está ao alcance da razão humana, porque esta se encontra no interior da história, ela própria é histórica, limitada e em contínua mudança. O sentido último da realidade só pode vir do que transcenda a história, do que possa abranger a totalidade da realidade e da história.[33] A fé cristã afirma que este sentido último nos vem "de fora", como *dom do próprio Deus*, que nos revela seu desígnio salvífico em relação à humanidade e nele se manifesta a si próprio. Diante das demais ciências que também são disciplinas de sentido, embora sempre penúltimo, a tarefa principal da teologia é lhes oferecer o *sentido último* de tudo o que existe e é objeto das diversas ciências.[34]

Antes de concluir, mencionemos um ponto muito importante em nossos dias. Apesar da rica diversidade das ciências na universidade, podemos afirmar que todas elas se encontram hoje sob a pressão da *racionalidade econômica*, hegemônica, na atual sociedade.[35] Caracterizada por uma forte ótica produtiva, eficaz, utilitarista, ela influencia decisivamente todos os setores da sociedade, inclusive, a própria universidade, avaliada por sua produtividade *quantitativa* com prejuízo da qualidade das suas

---

[33] HÜNERMANN, P. Die Theologie und die Universitas litterarum heute und gestern. In: *Universität ohne Gott*, p. 66.
[34] RATZINGER, J. Was die Welt zusammenhält. In: HABERMAS, J.; RATZINGER, J. *Dialektik der Säkularisierung*. Freiburg: Herder, 2005, p. 41.
[35] BOEVE, L. La théologie aux marges et aux carrefours. Théologie, Église, université, société, *Révue Théologique de Louvain* 44 (2013) p. 407-410.

publicações.[36] Numa palavra, a universidade apenas reflete essa mesma racionalidade fortemente presente e atuante nos vários âmbitos da sociedade.

Este fato constitui um sério desafio para o próprio futuro da humanidade, pois até então a finalidade de toda conquista no âmbito do conhecimento e da técnica era sempre o *ser humano*, no sentido de conhecer melhor as leis da natureza, os fatores inerentes à organização social, a pessoa humana com seus anseios, carências e necessidades, para lhe proporcionar uma vida mais humana e feliz. Hoje, o desenfreado afã por lucros e ganhos acarreta até, infelizmente, a indústria das armas, o consumo das drogas, o tráfico humano, a degradação da natureza. Desse modo, se está a gestar um futuro nada promissor para as próximas gerações.

Esta batalha em favor do *ser humano* é tarefa de todas as disciplinas universitárias e cabe à teologia difundir a visão cristã da pessoa humana, seu valor único, atestado na vida e nas palavras de Jesus Cristo em seu projeto do Reino de Deus. Lutar pelo ser humano é lutar pelo projeto de Deus para a humanidade. O cristão autêntico é humano, e o humano autêntico é cristão.[37] Observemos ainda que a fé oferece uma motivação para o agir humano que supera uma conclusão meramente racional, como, aliás, reconheceu J. Habermas.[38] Desse modo, emerge mais uma tarefa urgente e importante da teologia na universidade, em

---

[36] BÉJAR, J. S. Cultura, universidad, evangelio: una propuesta de discernimiento cristiano de las racionalidades. *Gregorianum* 99 (2018) p. 380-383.
[37] GS 22, apud FRANÇA MIRANDA, M. Evangelizar humanizando? In: id. *A Reforma de Francisco*. São Paulo: Paulinas, 2017, p. 138-173.
[38] HABERMAS; RATZINGER, op. cit., p. 31.

colaboração com as demais disciplinas que não devem perder de vista essa mesma causa.[39] A *conclusão* deste estudo já se foi delineando ao longo de suas partes. A teologia desempenha um papel único no interior da universidade: aponta para a questão do sentido último da vida, fornece às demais ciências um rico patrimônio de símbolos e práticas, e exerce uma função crítica diante da tentação do monopólio científico por parte de alguma ciência, e ainda denuncia a atual hegemonia do fator econômico na sociedade e na universidade.

---

[39] FRANÇA MIRANDA, M. Universidade Católica hoje. *Atualidade Teológica* 49 (2015) p. 13-29.

Capítulo 6

Deus de toda a humanidade?

A aproximação de povos, culturas e religiões, a consciência inédita de habitarmos um pequeno planeta no interior de um imenso universo, os novos desafios ecológicos postos à própria sobrevivência do gênero humano, o urgente imperativo de nos aceitarmos em nossas diferenças, de sermos todos colaboradores na construção de um futuro digno de ser vivido, de olharmos para a diversidade como algo que nos enriquece e não que nos ameaça, de priorizarmos o diálogo e a mútua compreensão, poderá receber uma consistente justificação por parte das religiões se, como procuraremos mostrar neste texto, elas invocam e cultuam, embora diversamente, o mesmo Mistério que chamamos Deus. Aqui está o que nos motivou a escrever estas linhas.

Tentativas anteriores de maior aproximação e de aceitação mútua se limitaram mais às doutrinas e práticas religiosas das diversas tradições, num árduo trabalho de diálogo inter-religioso, com frutos que ficaram aquém das expectativas. Diante desse fato, escolhemos propositadamente outro *ponto de partida*, a saber, o *dado antropológico* que habita todo ser humano ao se perceber remetido a um Transcendente, a uma Realidade Última, a um Mistério da vida, embora diversamente captado, tematizado e cultuado nas diversas religiões da humanidade. Naturalmente este dado antropológico será sempre objeto de interpretações diversas, filosóficas e religiosas, através das quais emergirá mais nitidamente seu sentido profundo. Nossa leitura se situará no interior da fé cristã.

Devemos de antemão reconhecer no termo "Deus" apenas uma palavra que nos indica uma realidade inacessível, já que não pode ser objeto de nosso conhecimento pelo fato de não ser uma realidade criada, finita, definível. Daí surge o problema. Já que as diversas religiões, em suas doutrinas, práticas e cultos, evocam sempre essa realidade transcendente, incapaz de ser encerrada num conceito, brota a questão: existe um *único* Deus, diversamente presente e expresso em todas elas, ou deveríamos admitir a existência de uma pluralidade de divindades correspondentes às diversas religiões da humanidade, pois todo discurso sobre Deus se realiza sempre no interior das múltiplas tradições religiosas, que, consequentemente, o apresentam com representações diversas?

Por outro lado, não podemos admitir a existência de uma pluralidade de deuses, pois as grandes religiões reconhecem em seu Deus uma realidade que fundamenta, explica e domina a *totalidade* da realidade. Como tal, ela não admite outras entidades que a despojariam de sua característica de ser a *realidade última* que confere existência e inteligibilidade ao mundo criado. Por outro lado, não negamos que esta realidade transcendente, sempre imperfeitamente apresentada em nossas expressões humanas, esteja sujeita a um enriquecimento destas mesmas expressões pelo contato e pelo diálogo com outras tradições religiosas, como veremos mais adiante.

Uma saída mais fácil para nossa questão seria admitir que as diversas religiões nada sabem desta realidade transcendente por elas invocada e que, portanto, todas elas se equivalem, perdendo seu sentido a questão sobre a verdade de cada uma delas.[1] Desse modo se desvalorizariam enquanto tais, a saber, enquanto procuram exprimir, mesmo imperfeitamente, o mistério subjacente a suas crenças e práticas. Mas a questão de fundo permanece: como posso falar de uma realidade fundante se nada sei sobre a mesma. Seriam, portanto, as religiões meras criações da mente humana, representações aleatórias carentes de substância, soluções imaginadas para as questões que o homem não consegue responder?

Ou será este enfoque da questão, essencialmente antropológico, um beco sem saída, por não levar em consideração que a religião resulta da *ação do transcendente* no homem; é, portanto, resposta a uma interpelação anterior, que é experimentada e interpretada no interior da própria tradição religiosa, que vê nesta ação prévia do transcendente sua própria razão de ser. Veremos que esta ação divina, por ser divina, é captada somente pela fé, isto é, pelo acolhimento do transcendente atuante em nós. É a fé que nos proporciona a possibilidade de interpretarmos corretamente essa ação divina e de nos dirigirmos verdadeiramente a Deus. Consequentemente, as ciências humanas nada podem dizer da ação divina, pois apenas alcançam o que resulta desta ação nas pessoas.

---

[1] HICK, J. *God Has Many Names. Britain's New Religious Pluralism.* London: Macmillan, 1960.

Esta verdade já nos indica que nossa reflexão não pode acontecer num horizonte neutro (existe?), numa perspectiva meramente antropológica, numa base comum de cunho racional, mas deverá inevitavelmente se realizar teologicamente, a saber, no interior de uma tradição de fé, em nosso caso, da fé cristã. E o desafio maior que nos é proposto diz respeito à capacidade da visão cristã da realidade para explicar, justificar e integrar em sua leitura a presença das demais divindades invocadas nas outras religiões. Mas ela não pode prescindir de uma *constante antropológica* comum a todas as religiões: a busca constante do ser humano de uma realidade transcendente que lhe forneça o sentido último de sua existência.

Vamos dividir nossa reflexão em *três partes*. Primeiramente, veremos por que o ser humano se encontra voltado para uma realidade que lhe é necessária, embora consista num mistério para ele. Depois, numa segunda parte, examinaremos como a experiência deste mistério nele atuante é recebida, tematizada e expressa numa linguagem particular, que vem a constituir uma tradição religiosa. Numa última parte, examinaremos se a representação cristã de Deus é de tal modo universal que poderia abrigar em sua compreensão as representações presentes em outras religiões. Naturalmente esta parte é estritamente teológica, já que se desenrola no interior da fé cristã, mas justificaria a afirmação de um único Deus de toda a humanidade.

1. A origem da questão sobre Deus no ser humano

O Concílio Vaticano II, em sua declaração sobre as Relações da Igreja com as Religiões não Cristãs (*Nostra Aetate*), afirma:

"Por meio de religiões diversas procuram os homens uma resposta aos profundos enigmas para a condição humana". E enumera alguns: "Que é o homem, qual o sentido e o fim de nossa vida, que é bem e que é pecado, qual a origem dos sofrimentos e qual a sua finalidade, qual o caminho para obter a verdadeira felicidade, que é a morte, o julgamento e a retribuição após a morte e, finalmente, que é aquele supremo e inefável mistério que envolve nossa existência, donde nos originamos e para o qual caminhamos".[2]

Este texto aponta para o que chamamos de *base antropológica* para a existência das religiões. Essas últimas, na diversidade de suas doutrinas, práticas, cultos, se encontram voltadas para uma realidade fundamental que oferece tanto uma visão explicativa de tudo o que constitui a complexa e diversificada vida de seus membros como também orientações específicas para seu comportamento nesta sua existência. A presença de religiões é tão antiga como a própria humanidade. Esta realidade fundamental que *está na base* de tudo o que existe e que, portanto, não pode ser uma realidade limitada, finita, objeto do nosso conhecimento e da nossa liberdade; se faz, entretanto, presente na consciência humana, quando esta se depara com situações-limite diante das quais o ser humano não consegue entender ou dominar.

Assim, ao tomar consciência de que *toda a realidade é contingente*, existe e poderia não existir, existe e deixa de existir, o ser humano percebe a ausência de uma razão suficiente na própria realidade. De certo modo, toda ela aponta para o que a chamou à existência. Embora distinta do que a explica, ela se encontra

---

[2] VATICANO II. *Nostra Aetate*, n. 1.

toda voltada para o que a explica. Desse modo, o termo "Deus", tão frequente nas diversas religiões, apenas indica ser ele aquele sem o qual nada existe. Ele se encontra *subjacente* às causas naturais e aos eventos históricos, já que toda a realidade foi criada do nada e tem a marca da contingência.

Esta argumentação de uma metafísica tardia é hoje criticada como uma "funcionalização" da ideia de Deus, que concebe Deus numa transcendência sem relação com a história, que usa categorias hauridas da natureza material para indicar alguém que é pessoa, que é liberdade, que é potência, enfim, que atua.[3] De fato, o Deus da Bíblia está presente e atuante nos eventos, assume características novas sem perder sua identidade, não se prende a compreensões fixas e estáticas, pois se revela como liberdade. Entretanto, a necessidade da reflexão metafísica permanece; sem ela criaremos novos pseudoabsolutos, como nos demonstra a recente história do Ocidente, vítima de totalitarismos utópicos.

Enquanto transcendente à realidade criada, Deus não pode ser alcançado pela razão, levando o ser humano a voltar-se para este transcendente através de um ato livre que constituirá o núcleo de sua religião. Este transcendente, por ser tal, só poderá ser acessível através da experiência pessoal mediada e expressa nos símbolos sagrados, que constituem as tradições religiosas. Observemos que essa tomada de consciência da *contingência* de toda a realidade não constitui propriamente uma prova da existência de Deus,[4] pois, conceber este transcendente como Deus,

---

[3] LEHMANN, K. Kirchliche Dogmatik und biblisches Gottesbild. In: RATZINGER, J. (Hg.). *Die Frage nach Gott*. Freiburg: Herder, 1973, p. 119-126.
[4] KREINER, A. *Das wahre Antlitz Gottes, oder was wir meinen, wenn wir Gott sagen*. Freiburg: Herder, 2006, p. 484-487.

implica já uma perspectiva cristã de leitura, já que a razão lá não chega.⁵

Outra via de acesso ao transcendente, que levará o ser humano a se colocar a questão sobre uma realidade que o supera e que não pode ser objeto de seu conhecimento e de sua vontade, vem a ser a própria *estrutura ontológica* subjacente ao seu conhecer e ao seu querer, pois, ao conhecer e querer objetos finitos, percebe o sujeito que tal se dá, devido a um dinamismo da inteligência e da vontade que ultrapassa tais objetos; dinamismo este voltado para um infinito de possibilidades cognoscitivas e volitivas. Portanto, todo conhecimento do finito se realiza através de uma negação, sendo a ideia do infinito imanente ao ser humano.⁶ Sendo assim, este se percebe como sempre voltado para um infinito inalcançável e que não se deixa dispor nem tematizar. Essa *consciência* atemática do mistério não pode ser considerada uma experiência de Deus, a não ser por aqueles que já detêm uma visão religiosa.⁷

Mas sentir-se voltado para um horizonte inalcançável, mas que o acompanha sempre, desperta no ser humano a questão do infinito transcendente e da insuficiência radical de seu mundo; fatores que se encontram no âmago das diversas tradições religiosas. Também esta via de acesso a Deus é hoje também criticada, pois Deus não pode ser reduzido a apenas o horizonte de meu conhecer e querer, que não explicaria o domínio soberano e

---
⁵ BOUILLARD, H. Transzendenz und Gott des Glaubens. In: BOECKLE, F.; KAUFMANN, F. X. (Hg.). *Christlicher Glaube in moderner Gesellschaft 1*. Freiburg: Herder, 1981, p. 108-119.
⁶ MARION, J.-L. *Le croire pour le voir*. Paris: Parole et Silence, 2010, p. 55-74.
⁷ PANNENBERG, W. *Systematische Theologie 1*. Göttingen: Vandenhoeck, 1988, p. 128s; RAHNER, K.*Grundkurs des Glaubens*. Freiburg: Herder, 1976, p. 46.

livre de Deus sobre o mundo criado, sem falar que, confinada na subjetividade, nada diria sobre a mais ampla realidade do mundo criado, da intersubjetividade e da universalidade.[8]

Outro fator que levará o ser humano a se colocar a questão sobre Deus tem origem na busca por *sentido* em sua vida. A perspectiva aqui é de cunho mais pessoal, existencial e mesmo prático. Não se trata propriamente de uma prova para a existência de Deus, pois alguém pode subjetivamente achar sentido em sua vida negando simultaneamente que Deus exista. Outra questão é se esta sua opção consegue justificar-se diante de possíveis objeções, pois ela, do ponto de vista objetivo, pode apresentar inverdades, deformações ou mesmo suposições que a desqualificam. Entretanto, a questão do sentido último de sua vida impõe--se a qualquer ser humano que se detenha nesta questão.[9]

O termo "sentido" tem a ver com algo que tenha valor, bem, recompensa, enfim, em que valha a pena investir a própria vida, pois somos seres livres com capacidade de moldarmos nossa própria existência, de construirmos nossa própria biografia, de configurarmos nossa pessoa. E nossa liberdade pressupõe um sentido que a leve a desencadear suas opções, e que não consista nos sentidos parciais, limitados, efêmeros, com os quais lidamos continuamente em nossa vida cotidiana. Ao recusar um sentido último, a pessoa viverá um vazio existencial (V. Frankl) ou buscará substitutivos (Ersatz) efêmeros, como podemos constatar.

Estar direcionado a Deus como sentido último deve implicar a *totalidade da realidade*, que não identifique Deus com o já existente, que respeite sua liberdade e sua soberania. O sentido

[8] LEHMANN, art. cit., p. 133.
[9] KREINER, op. cit., p. 487-500.

último implica a totalidade da existência que, exatamente, constitui o que oferecem as religiões. Elas podem ser bem diferentes, mas oferecem, sem dúvida, uma visão da realidade que ilumina e orienta nossa caminhada por este mundo.

Neste ponto não podemos evitar a pergunta: o dinamismo para uma realidade transcendente, fundamento de toda a realidade contingente, presença misteriosa em todo conhecer e querer humanos, sentido último da existência humana, está realmente presente nas várias tradições religiosas, embora diversamente expresso? Reconhecem elas sua característica de mistério inalcançável por ser transcendente, a saber, realidade situada num âmbito que não pode ser atingido pelos humanos, como são os demais âmbitos deste nosso mundo.

A dificuldade para uma resposta convincente está no fato da inacessibilidade desta realidade última em si mesma, já que as religiões a mencionam sempre no interior de suas próprias tradições, portanto, *diversamente*. Entretanto, aqui não buscamos provar se tratar de uma mesma realidade (veremos isto mais adiante), mas sim de um *dinamismo* presente no ser humano, que tende para o que aqui caracterizamos como realidade última transcendente.

Este fato não nos impede de examinarmos algumas das principais tradições religiosas da humanidade para verificar a verdade deste dinamismo. A presença de uma realidade última, caracterizada como Deus, aparece claramente nas três religiões abraâmicas, no judaísmo, no cristianismo e no islamismo. Já o hinduísmo aparece como politeísta, embora certa ordenação e hierarquia das divindades apontem para um Senhor soberano ou para um princípio essencial, que pouco significam para seus

123

fiéis.[10] O budismo afirma não existir o *atman*, já que toda realidade é vazia de si, mas reconhece um Absoluto que só pode ser expresso negativamente, mas não considerado como divino por carecer de qualquer característica pessoal.[11] Já as religiões africanas reconhecem um Deus supremo, criador e mestre do cosmo, responsável pelo sistema social e religioso, bem como garantia do sentido da vida para os homens.[12] Naturalmente não pretendemos afirmar estar às voltas com o mesmo Deus, presente nas várias tradições, com diversos nomes, mas apenas demonstrar que a *busca do ser humano* por uma realidade última se manifesta realmente nas principais tradições religiosas.

2. O mistério revelado nas diversas tradições religiosas

Deus não é uma realidade deste mundo, caso contrário, não seria Deus. Sua transcendência o identifica com o mistério, é o Deus escondido, como já constatamos na própria Bíblia. Enquanto é subjacente a toda a realidade, ele a sustém e fundamenta, mas não se encontra como parte da mesma. Embora se manifeste indiretamente como meta do dinamismo presente e atuante nas faculdades humanas ou como realidade implicada na busca humana por um sentido último, Deus, em si mesmo, mantém sua transcendência. Embora não consigamos designá-lo como desejaríamos, sua presença-ausência repercute

---

[10] VARENNE, J. Art. Dieu dans l'hindouisme. In: POUPARD, P. *Dictionnaire des religions I*. Paris, PUF, 1993, p. 504: "On trouve donc, dès l'origine, l'idée que les dieux sont, soit les sujets d'un Seigneur Souverain (*îshvara*), soit les manifestations existentielles d'un Principe essentiel, le *brahman*".
[11] Ibid., p. 510.
[12] Ibid., p. 15.

fortemente em nossa vida, impedindo que nos instalemos no já conhecido e conquistado, pois é um Deus sempre maior. E ainda mais. Desde que reconheçamos em Deus uma *liberdade infinita*, capaz de introduzir em nossa história a novidade, o surpreendente, o inédito, desfazendo qualquer tentação que busque segurança humana num fundamentalismo ou num tradicionalismo, então mais frágeis e questionáveis serão nossas representações de Deus.

Se soubermos algo de Deus que vá além de nossos raciocínios generalizantes, é porque o próprio Deus teve a *iniciativa* de vir ao nosso encontro e assim se revelar de certo modo. Digo "de certo modo" pois linguagem humana alguma será capaz de encerrá-lo num conceito ou aprisioná-lo numa imagem estática. Só Deus pode nos dar a conhecer Deus.[13] E ele o faz através de sua *revelação*. Portanto, religião não resulta de uma elaboração humana em busca de respostas para suas questões vitais, mas supõe uma iniciativa que venha "de fora", do âmbito meramente antropológico. Daí o acerto da afirmação de G. van der Leeuw: "Na religião, é Deus o agente na relação com o ser humano; a ciência apenas conhece a ação humana na relação com Deus, nada descreve do agir de Deus".[14]

Se a razão já chegara à afirmação de um único princípio de tudo, como nos comprova a filosofia grega, e se o próprio cristianismo o manifesta em sua fé, então nasce a pergunta pela revelação deste Deus nas outras religiões. Se respondermos afirmativamente, surge outra questão a ser resolvida: como explicar as

---

[13] VON BALTHASAR, H. U. *La Gloire et la Croix I*. Paris: Aubier, 1965, p. 151: "Dieu n'est connu que par Dieu".
[14] Citação em W. PANNENBERG, *Systematische Theologie 1*, p. 157s.

diversas representações de Deus presentes nas outras religiões não cristãs? Aqui devemos distinguir a ação de Deus no ser humano, que é primeira e tudo desencadeia, do *acolhimento* da mesma, realizado pelo próprio ser humano. Só enquanto recebida, consciente, expressa, esta ação divina chega a sua realização. Só à medida que o *teologal* se torna *teológico*, o ser humano atinge adequadamente esta iniciativa divina e o interpela. Porém, como não existe um ser humano em geral, já que qualquer um está inevitavelmente inserido num tempo histórico concreto, num contexto sociocultural específico, numa tradição religiosa determinada, então esta ação divina será forçosamente captada e expressa por ele a partir da linguagem que lhe é disponível. Nela encontramos conceitos, símbolos, rituais, celebrações, cosmovisões, práticas e comportamentos que manifestam diversamente a ação divina.

Mesmo distinguindo a experiência original de sua expressão, não podemos separar essas duas realidades, pois toda experiência humana, se é captada e entendida como tal, é inevitavelmente *experiência interpretada*, e interpretada no interior da visão do mundo e do homem própria de uma determinada cultura e tradição religiosa. E como toda cultura é uma realidade porosa, dinâmica, em evolução permanente, também a interpretação da ação de Deus, que não só admite uma evolução e um enriquecimento em sua compreensão mas também, pelo mesmo fato, não consegue ser *plena e perfeitamente* expressa por estar inserida inevitavelmente numa época histórica. Portanto, e esta conclusão é importante, a diversidade das imagens e representações de Deus encontradas nas religiões não cristãs não desautoriza *a priori* o reconhecimento de uma ação salvífica proveniente do mesmo e único Deus.

Não podemos afirmar ser o mesmo Deus, pois a diversidade das representações não só aponta para tradições socioculturais concretas como também pode conter em si mesma componentes deformantes provindos da malícia, do pecado, do egoísmo humano. E embora não entramos na discussão sobre a *verdade* destas diversas tradições, que envolveria um estudo mais amplo e complexo da questão,[15] podemos afirmar que a revelação de Deus que acontece através de suas ações ao longo da história, e das respectivas leituras sempre imperfeitas, certamente se enriquece com outras leituras.[16]

Aqui já nos é possível compreender o fundamento e o sentido do diálogo inter-religioso, tão necessário em nossos dias para o acolhimento e a convivência dos diversos povos que habitam o planeta. Já que a ação salvífica divina jamais poderá ser exaustivamente captada e expressa no interior de uma cultura, como vimos mais atrás, outras características desta mesma ação divina poderão facilmente emergir e se manifestar em outras religiões, devido às *coordenadas culturais* das mesmas. Por coordenadas culturais entendemos categorias, estruturas mentais, expectativas, modos de olhar e interpretar a realidade, sentimentos, práticas sociais, orientações para a ação, sem pretendermos ser completos nesta descrição. Sabemos bem que as culturas nos apontam certas direções, deixando outras em segundo plano ou, simplesmente, as ignorando. Nenhuma cultura exaure as potencialidades do ser humano. As autênticas experiências com o Absoluto, com o fundamento de tudo, com o sentido último almejado e

---

[15] M. FRANÇA MIRANDA, Verdade cristã e pluralismo religioso. In: id. *A Igreja numa sociedade fragmentada*. São Paulo: Loyola, 2006, p. 297-314.
[16] PANNENBERG, op. cit., p. 187.

buscado por pessoas de outras tradições religiosas, podem enriquecer a própria compreensão cristã de Deus.[17]

3. A visão cristã de um Deus de toda a humanidade

Deixemos claro logo de início que nosso objeto é modesto, pois não se trata de *provar* que todas as religiões cultuam o mesmo Deus nem mesmo que todas estejam dinamizadas para a mesma realidade última. Seria necessário um profundo e amplo conhecimento de todas elas enquanto expressões desta realidade última, objetivo que supera nossas possibilidades. Nossa reflexão afirma modestamente que a visão cristã permite afirmar que, *em princípio*, estamos tratando do mesmo Deus, presença atuante nas demais religiões, embora diversamente representado. Em princípio, significa aqui que a fé cristã contém uma *potencialidade universalizante*, capaz de abrigar em sua visão religiosa não as demais representações, mas o *dinamismo nelas presente* que as orienta para uma realidade transcendente, embora diversamente concebida.

Naturalmente este dinamismo sempre se apresenta como realidade consciente no interior de uma tradição religiosa. Assim, por exemplo, a oração que o *encarna e concretiza* vai dirigida ao que cada tradição entende por Deus, sem que possamos afirmar sem mais ser a mesma realidade em todas as religiões. Nesse sentido, tem razão W. Pannenberg, quando afirma que

---

[17] Ver FRANÇA MIRANDA, M. As religiões na única economia salvífica. In: id. *A Igreja numa sociedade fragmentada*, p. 279-295.

só Deus pode responder à questão: trata-se do mesmo Deus?[18] Porém, repito, aqui estamos refletindo no âmbito do dinamismo subjacente às expressões religiosas. Pressupomos que esse dinamismo esteja presente nas diversas religiões e julgamos que a fé cristã seja capaz de fazê-lo emergir, de reconhecê-lo, de valorizá-lo, enquanto *dinamismo comum* causado e impulsionado pelo mesmo Deus. Deixemos claro que não argumentamos no âmbito das tradições religiosas, cuja potencialidade é determinada por sua capacidade de absorver em si tradições mais limitadas ou mesmo características de divindades alheias sem perder sua identidade, como se deu na evolução da compreensão de Javé pelo povo de Israel.[19] Já Santo Tomás de Aquino distinguia bem entre a fé (*fides*), como atitude nuclear do ser humano em sua relação com Deus, e os sinais da fé (*signa fidei*) que expressavam (doutrina), celebravam (culto, sacramentos) e orientavam o agir (ética), embora não existisse fé na ausência total de suas expressões.

A fé cristã se dirige a um Deus que atua na história, ao constituir e educar um povo que pudesse manifestar a toda humanidade seu desígnio salvífico de uma nova sociedade, caracterizada pela vivência do amor e da justiça, imperfeita neste nosso mundo, e plena na eterna participação de sua vida divina.[20] Esta promessa e a esperança de vê-la realizada, que fornece a identidade

---

[18] PANNENBERG, W. Religious Pluralism and Conflicting Truth Claims. In: D'COSTA, G. (ed.). *Christian Uniqueness Reconsidered*. New York: Orbis Books, 1992, p. 103.
[19] PANNENBERG, W. Erwägungen zu einer Theologie der Religionsgeschichte. In: id. *Grundfragen Systematischer Theologie*. Göttingen: Vandenhoeck, 1967, p. 252-295.
[20] LOHFINK, G. *Deus precisa da Igreja*: teologia do Povo de Deus. São Paulo: Loyola, 2008.

ao povo judeu, se tornou real na pessoa de Jesus Cristo e com seu anúncio do Reino de Deus. Deus se revela, assim, como um Deus que quer que os seres humanos partilhem de sua felicidade, um Deus que é pura gratuidade, um Deus que é amor. A vida de Jesus Cristo, marcada pela doação e pelo cuidado com seus semelhantes, curando, pacificando, perdoando, dando ânimo e esperança sem qualquer distinção de pessoas, fazendo o bem a todos, traduziu em *linguagem humana* o próprio ser de Deus. Consequentemente, poderá São João declarar, não como uma definição filosófica, mas como expressão de uma experiência constante na história do seu povo, que "Deus é amor" (1Jo 4,16).

Ora, para haver amor é necessário que haja alteridade, que haja *relação*. Um Deus eternamente solitário e isolado não poderia ser afirmado como amor, mas um Deus-Trindade, um Deus que subsiste em relações mútuas de entrega, também se manifestará como tal nas relações com suas criaturas. Aquele que cria e sustenta outros seres é Aquele que ama infinitamente estes seres. Deus é liberdade que se doa, que quer outros existindo e sendo felizes, que luta pela vida e pela felicidade de todos, amor que se comprova na misericórdia e no perdão.

Corresponder a este amor primeiro significa assumi-lo como núcleo da própria existência, como Jesus Cristo realizou ao longo de sua vida. Para ele fazer a vontade do Pai, pôs-se a serviço de seus irmãos. Daqui surge uma importante conclusão: só podemos responder a este amor primeiro de Deus através do amor a nossos semelhantes, como Paulo (1Cor 13,1-3; Rm 13,8) e João (1Jo 4,20s) afirmam taxativamente. O relacionamento com o humano atesta a veracidade do nosso relacionamento com o divino. Podemos ainda afirmar que temos acesso ao divino através do humano, seja este humano Jesus Cristo (1Jo 2,23), seja ele nosso semelhante em necessidade (Mt 25,34-40). Como também podemos concluir que, sendo Deus amor, então amar é divino,[21] como já afirmara São João: "Amemo-nos uns aos outros, porque o amor vem de Deus e todo aquele que ama nasceu de Deus e conhece a Deus" (1Jo 4,7).

Ainda dentro desta perspectiva cristológica, outra importante conclusão se impõe. Confessamos Jesus Cristo como aquele ser humano que realizou perfeitamente em sua vida a vontade de Deus (Rm 5,19; Fl 2,8), que correspondeu plenamente ao projeto salvífico de Deus de instaurar uma nova humanidade, que fez de sua existência uma vida para os demais, sobretudo para os mais necessitados, que foi, enfim, *o ser humano sonhado por Deus*, nos revelando assim não só o rosto de Deus (Jo 14,9) mas também como devemos ser verdadeiramente seres humanos. Daí a afirmação do Concílio Vaticano II na *Gaudium et Spes*: "Cristo manifesta o homem ao próprio homem e lhe descobre a sua altíssima vocação".[22] Pois Cristo não só assumiu nossa natureza, abstratamente falando, mas mostrou ao longo de seus dias o que significa ser realmente humano.

Também, ao relegar para segundo plano as normas religiosas, quando em choque com um ser humano necessitado de ajuda, Jesus desloca o lugar do *sagrado* da esfera religiosa para o setor da vida cotidiana, humana, real. Tal como vemos na parábola do bom samaritano (Lc 10,25-37) ou do juízo final (Mt 25,34-46). Portanto, o amor fraterno verdadeiro não somente é expressão do verdadeiro humano mas igualmente do verdadeiro

---

[21] J. RATZINGER, *Introdução ao Cristianismo*, S. Paulo, Loyola, 2005, p. 111.
[22] VATICANO II. *Gaudium et Spes*, n. 22.

cristão, a tal ponto que *o humano autêntico é cristão e o cristão autêntico é humano.* Defrontamo-nos aqui com uma conclusão radicalmente *universal,* já que atinge toda a humanidade e que nos leva a conceber o cristianismo não tanto como uma religião entre outras, mas como o *humanismo verdadeiro* que corresponde ao desejo primordial de Deus na criação, fato que terá implicações importantes para o tema da nossa reflexão.

Entretanto, o quadro ainda se encontra incompleto. Pois nada dissemos da ação do *Espírito Santo* nas culturas e nas religiões da humanidade.[23] Comecemos recuperando um dado de fé, relegado ao segundo plano na tradição teológica ocidental: o Espírito Santo esteve presente e atuante em toda a existência de Jesus, seja em seu relacionamento filial com o Pai, seja na força que o habitava para curar enfermos, perdoar pecados e expulsar demônios, que o levou a vencer tentações e ameaças, podendo então, "pelo Espírito eterno, se oferecer como vítima imaculada a Deus" (Hb 9,14), libertando-o da morte (Rm 1,1-4) e fazendo-o retornar à vida (1Pd 3,18). Este mesmo Espírito Santo nos é doado (Jo 20,20-23) para plasmar em nós uma existência semelhante à de Cristo (Fl 3,11s); portanto, sua ação consiste em fazer de cada um de nós outros Cristos. Consequentemente, sua ação é a de nos levar ao outro, a sairmos do nosso egoísmo, a nos sensibilizarmos com o próximo em necessidade, numa palavra, a vivermos a caridade fraterna.

Entretanto, esta ação não se limita ao interior do cristianismo, atingindo todos os seres humanos, chamados por Deus a participar de sua vida (1Tm 2,4). Sendo assim, lidas numa ótica

---

[23] FRANÇA MIRANDA, M. O Espírito Santo nas religiões não cristãs. In: id. *O cristianismo em face das religiões.* São Paulo: Loyola, 1998. p. 133-153.

cristã, as ações praticadas por membros de outras religiões que realizam a práxis de Jesus são inspiradas e estimuladas pelo Espírito Santo; fato este que já pressupõe *certa experiência de Deus*, embora diversamente captada e expressa. Porém, decisivamente, observemos que o carisma profético pressupõe o carisma místico, a saber, uma experiência com o (chamemo-lo assim) Divino, com o Absoluto, com o Mistério. Cabe ao profeta anunciá-lo aos demais. A diferença surge quando se trata de tematizar esta experiência. Nas religiões abraâmicas ela se apresenta como um diálogo interpessoal com Deus "totalmente Outro"; nas religiões místicas da Ásia, como uma busca do divino em sua própria interioridade, vista negativamente como "nirvana" ou "suniata".[24]

Portanto, não apenas as ações em favor da justiça, da paz, da convivência, do amor fraterno indicam a ação do *mesmo* Espírito Santo enviado pelo Pai, mas também a tematização da *atitude de fundo* por parte do ser humano diante do Absoluto, como quer que o chamarmos, e que se concretiza na *oração*, vai dirigida ao único Deus, diversamente venerado e cultuado nas diferentes tradições religiosas.[25] Tenhamos sempre presente que aqui estamos tratando da *atitude de fundo*, do sentir-se remetidos ao Mistério, de uma característica antropológica universal, pois as tematizações dela decorrentes podem se apresentar diversas (e devem ser como tais respeitadas), imperfeitas, incompletas, ou mesmo parcialmente erradas, como já se deu mesmo no cristianismo.

---

[24] DUPUIS, J. *Il cristianesimo e le religioni*. Brescia: Queriniana, 2001, p. 226-242.
[25] JOÃO PAULO II. Discurso à Cúria Romana: "Podemos, portanto, reconhecer que toda oração autêntica é suscitada pelo Espírito Santo, o qual está misteriosamente presente no coração de cada homem". Ver *Documentation Catholique* 84 (1987) p. 136.

Concluindo: o cristão sabe que a revelação de Deus em Jesus Cristo não significou desvendar o Mistério que é Deus, mas sim termos lúcida consciência do mesmo. Valem aqui as afirmações de Agostinho ("Se compreendes, não é Deus"), ou de Santo Tomás de Aquino ("Não podemos conhecer o ser de Deus, como nem sua essência"), ou ainda de São Gregório de Nissa ("A busca por Deus nunca se detém, pois a Deus se encontra buscando-o sempre").

A teologia negativa, apofática, também tem sua importância no cristianismo, para equilibrar a ênfase dada tradicionalmente ao doutrinal, ao jurídico e ao moral.

É ela que nos faz melhor acolher que Deus é liberdade, é Amor; é ela que nos faz compreender que o Espírito Santo sopra onde quer, não estando preso ao institucional; é ela ainda que está presente nas demais religiões, enquanto invocam o Absoluto como mistério insondável; é ela que confirma a visão cristã de um único Deus e, consequentemente, de uma única família humana na diversidade de culturas e de religiões. Como devemos enfatizar hoje, este Deus de todos que luta pela felicidade e pela paz de toda a família humana! Como devemos reconhecer nos adeptos de outras religiões, o divino neles presente e atuante!

Capítulo 7

Uma palavra final

O que vimos nas páginas precedentes não consegue abranger de modo nenhum todas as modalidades da presença atuante de Deus em nossas vidas. O leitor sabe muito bem que, a partir de sua experiência pessoal de fé, poderia acrescentar outras páginas a este livro, pois nos relacionamos com Deus de modo muito próprio, pessoal, variado, conforme as etapas de nossa vida vão se sucedendo. Deus é sempre o mesmo, mas nossas representações dele, desde as mais pueris até às mais maduras, refletem sem dúvida essas mudanças. Como nunca poderemos torná-lo posse nossa, defini-lo num conceito, tornar transparente sua realidade, vivemos sempre nosso relacionamento com ele como uma *busca contínua* que impede de nos instalarmos em imagens passadas.

Esta afirmação vale também para toda a história da humanidade, que apresenta sempre, dos modos mais variados, a inquietação permanente do ser humano por um *sentido último* para sua vida frágil e contingente. Ele já nasce voltado para um mistério, aberto a um infinito, ansioso por uma felicidade eterna, revoltado contra uma morte inevitável, demonstrando, assim, sua diferença essencial com relação ao resto do mundo criado. Exatamente por ser alguém estruturalmente aberto à Transcendência, que o intriga, o atrai, o desinstala, o questiona, ela pode ser invocada, adorada, amada ou simplesmente negada, combatida, ignorada.

No fundo, o sentido último da existência humana ultrapassa o domínio da *razão*. Esta consegue, com suas teorias e interpretações, com seus métodos de pesquisa e abordagens da realidade, clarificar os mistérios da natureza e, em parte, do próprio ser humano, defender-se das ameaças de seu contexto, chegar a organizações sociais que permitam a convivência pacífica de todos, melhorar as condições da vida humana, ostentar os sucessos contínuos da medicina ou os êxitos sucessivos na exploração do macro e do microuniverso, chegar a níveis inauditos de comunicação pela internet, relativizando, assim, tempo e espaço.

Mas a pergunta pelo sentido último permanece sem resposta. A inteligência humana, em sua busca pela verdade e no respeito à honestidade intelectual que a caracteriza, não pode se deixar aprisionar por racionalidades específicas, expressas nas várias ciências, que direcionam seu foco e a limitam. Pois, ao indagar pelo sentido último, está, no fundo, visando à *totalidade* do real, que se situa bem além dos objetos das ciências respectivas. Poderíamos também argumentar que uma realidade intra-histórica não pode pretender alcançar o sentido de toda a história.

Mas o ser humano não é apenas razão, mas também *liberdade*, sua característica mais sublime e mais nobre, à semelhança deste Transcendente que livremente nos criou e livremente nos salva. Consequentemente, pelo exercício correto de nossa liberdade construímos ao longo dos anos nossa própria personalidade, escrevemos nossa autobiografia, influenciamos inevitavelmente os que nos rodeiam, injetamos amor e justiça na sociedade, diminuímos o sofrimento humano, testemunhamos valores substantivos para os demais.

O exercício correto da liberdade pode se dar em quaisquer culturas ou religiões, etapas históricas ou contextos sociais. Entretanto, esse exercício sempre pressupõe um objetivo que o desencadeie e justifique, pois a liberdade não é cega, arbitrária ou sujeita ao humor do momento, como podemos constatar nos sentidos parciais, penúltimos que justificam nossas ações. Mas o sentido último, inalcançável pela razão, nos é *oferecido* "de fora" à nossa liberdade, pelo próprio Transcendente que nos intriga e questiona. Mesmo que o sentido último transcendente não possa ser deduzido, apropriado ou definido pela razão, nada o impede de interpelar a liberdade humana em busca de realização plena, oferecendo-lhe livremente o *dom* que iluminará e justificará toda a sua existência. Portanto, a felicidade última do ser humano não pode prescindir de sua liberdade. Onde a inteligência não mais consegue prosseguir, a liberdade avança, acolhendo na fé, na confiança, no amor, a oferta de sentido que moldará toda uma existência humana.

Para nós, cristãos, esta oferta nos é feita na pessoa, nas palavras e nas ações de Jesus Cristo. Portanto, para nós, o Mestre de Nazaré significa o acesso ao Transcendente que nos ultrapassa, a proximidade com o Inalcançável, o rosto do Desconhecido, o saber como ele nos olha e se comporta conosco. Na vida e no ensinamento de Jesus, ele aparece como Pai, misericordioso, amante dos seres humanos, lutando pela vida e pela felicidade de todos, mas no respeito à liberdade humana, mesmo aquela que contraria e obstaculiza seus planos. Nem sempre a própria Igreja foi fiel à revelação de Deus realizada por Jesus Cristo, como nos comprova o passado. Daí a resistência de muitos dos nossos contemporâneos a professar a fé num Deus que neles provoca medo e repulsa.

Observemos ainda que a fé em Deus implica um envolvimento de toda a pessoa. Não se trata de uma questão meramente intelectual ou teórica. Ao acolher na fé o Deus revelado em Jesus Cristo, a pessoa está investindo todo o seu ser, toda a sua vida. E é, portanto, de dentro dessa adesão, livremente realizada, que ela experimenta a luminosidade, a verdade, o acerto de sua decisão, comprovada e fortalecida por sua própria vida. Consequentemente, quanto mais vive sua fé em Deus, tanto mais percebe, sente, experimenta Deus como próximo, amigo, compassivo e fonte de vida.

As linhas seguintes pretendem apenas comprovar o que dissemos, ao acenar para outras possíveis modalidades de encontros com Deus. Algumas são mais evidentes, outras menos perceptíveis. Algumas são mais frequentes, outras mais raras. Algumas são mais racionais, outras mais afetivas. Algumas deixam importantes sequelas, outras já foram esquecidas. De qualquer modo, todas atestam a presença atuante de Deus na vida do ser humano.

- Deus que constitui o sentido último de toda realidade, bem como de nossa existência, sempre às voltas com sentidos parciais e penúltimos.
- Deus que questiona qualquer modalidade de construção humana (ideológica, científica, cultural, religiosa ou social), impedindo-a de se julgar última e absoluta.

- Deus que sempre está além dos nossos discursos históricos e limitados sobre a sua pessoa.
- Deus que deixa de ser uma simples palavra em nossa vida, quando essa é realmente atingida e modificada por sua presença.
- Deus que está mais próximo ao coração humano (núcleo da pessoa) do que à razão.
- Deus que suporta as abominações perpetradas e justificadas em seu nome.
- Deus que respeita a liberdade humana e sofre quando ela se torna instrumento de sofrimento e morte.
- Deus que se desvela e vela na pessoa de Jesus Cristo.
- Deus cuja presença contínua e atuante em nós, através do Espírito Santo, não é devidamente valorizada.
- Deus que não dramatiza a fragilidade humana, mas a envolve em sua misericórdia.
- Deus cujo amor por nós é a garantia de nossa eternidade.
- Deus que é rejeitado por agnósticos e ateus devido às falsas e deficientes imagens suas que lhes são transmitidas.
- Deus que é sempre fonte de vida e felicidade, jamais de neuroses e culpabilidades indevidas.
- Deus que de tal modo se identifica com a sorte dos seres humanos que é feliz com a felicidade deles.
- Deus a quem entregamos nossas vidas por confiarmos em seu infinito amor por nós.
- Deus que é inacessível à superficialidade da cultura consumista hodierna, distraída e envolvida pelo fluxo contínuo de informações e experiências.

- Deus que nos possibilita relativizar os infortúnios e os sofrimentos desta vida.

- Deus que se alegra com as conquistas da razão e da liberdade, quando promovem maior justiça na sociedade e fortalecem a dignidade humana.

- Deus que nos faz conscientes de nossas limitações enquanto criaturas, poupando-nos decepções indevidas com sucessos irrealizáveis.

- Deus que nos faz experimentar paz e alegria profundas quando arriscamos ações gratuitas em favor dos mais necessitados.

- Deus que nos leva à indignação e à revolta diante dos sofrimentos injustos e das humilhações suportadas pelos mais humildes.

- Deus que está ausente das ações religiosas que não atingem e transformam nossas vidas e não nos levam ao próximo necessitado.